Yvonne Willicks

MEINE 111 BESTEN HAUSHALTSTIPPS

Yvonne Willicks

MEINE 111 BESTEN HAUSHALTSTIPPS

September 2016, 3. Auflage

© 2016 Edition Essentials GmbH & Co. KG, Heidelberg

info@edition-essentials.com

© DasErste / WDR, Köln

Lizenziert durch die WDR mediagroup GmbH

Redaktion	Yvonne Willicks, Stefanie von Drathen
Lektorat	Eva-Maria Thürmer
Layout, Satz und	
Illustrationen	TW Werbeagenten Heidelberg GmbH
Bildnachweise	Luca Siermann

Danke an Haas Fertigbau GmbH, Musterhaus Mannheim

Gedruckt in Deutschland – NINO Druck GmbH, Neustadt

ISBN: 978-3-9816935-5-3

Yvonne Willicks

MEINE 111 BESTEN HAUSHALTSTIPPS

VORWORT

Ich habe nachgeschaut: Seit elf Jahren gebe ich Tipps zum Thema Haushalt im Fernsehen. Wahnsinn! Das hätte ich niemals erwartet, als ich in den neunziger Jahren meine Ausbildung zur Hauswirtschafterin begonnen habe. Ich war damals hauptsächlich mit meinen drei kleinen Kindern, dem Mittelreihenhaus und der Nachbarschaft beschäftigt und habe mich oft gefragt, was ich eigentlich den ganzen Tag gemacht habe! Warum ich rumackere und am Abend immer noch überall Chaos herrscht? Und warum die Fenster, die ich gerade geputzt habe, so schlierig aussehen? WARUM? (Heute weiß ich, es lag am Glasreiniger. Dazu mehr auf Seite 39 bei Tipp 33.)

Da ich nun eher der pragmatische Typ bin und nicht lange rumjammere, habe ich nach Lösungen gesucht. Ich wollte meinen Haushalt so professionell wie möglich gestalten, um am Ende 1.) etwas geschafft und 2.) Zeit gewonnen zu haben. Also habe ich eine nebenberufliche Ausbildung zur Hauswirtschafterin angefangen (www.berufsverband-hauswirtschaft.de und www.dhb-netzwerk-haushalt.de). Als ich die im Sack hatte, habe ich gleich noch die Meisterprüfung draufgesetzt. Mir hat das Fachwissen enorm geholfen, mich und meinen Haushalt besser zu organisieren und im Grunde auch zufriedener zu sein. Denn ich putze – wie wohl die meisten – auch nicht besonders gerne. (Obwohl ich mich dabei manchmal sogar entspannen kann: Endlich ist mal was fertig geworden!) Aber mit dem nötigen Know-how geht es schneller und effektiver. Mir hat es geholfen, für meine Familie und mich ein schönes Zuhause zu schaffen. Wobei „schön"

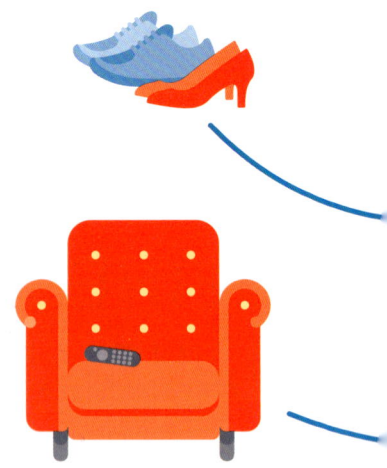

selbstverständlich für jeden etwas anderes bedeuten kann. Da würde ich mich nie einmischen. Aber nach Tipps und Tricks werde ich wirklich andauernd gefragt – nicht nur von jungen Müttern, sondern auch von vielen Männern, die im Haushalt mitmachen. Und ich stelle fest, den meisten geht es so wie mir vor meiner Ausbildung: Man wurschtelt sich so durch.

Deswegen hier **MEINE 111 BESTEN TIPPS**, mit denen der Alltag ganz bestimmt ein bisschen leichter wird – und zwar für jeden, für Mann und Frau!

Eure Yvonne

PS: Zu einigen Themen habe ich euch hilfreiche Listen erstellt – frei zum Kopieren ;-)

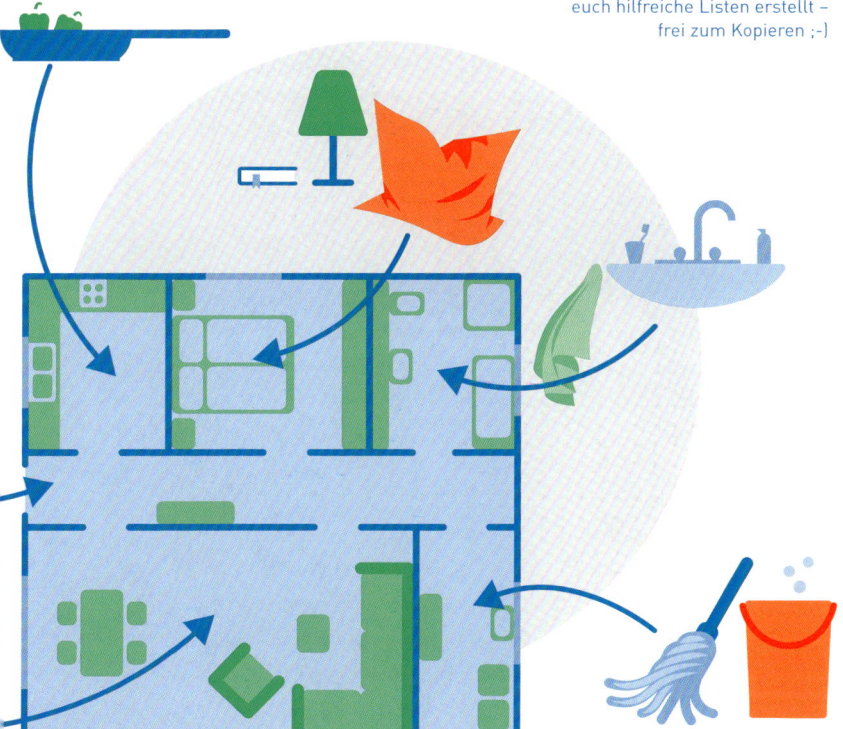

TV-TIPP

Tipps mit dem Fernseher habe ich bereits im Fernsehen präsentiert – und für so gut befunden, dass sie auch zu meinen 111 besten Tipps zählen.

LIFE-HACK

Tipps mit der Glühbirne sind praktische Tipps, die auf kreative Art das Haushaltsleben einfacher machen. Gewusst wie!

KÜCHE

Die **KÜCHE**! Der Ort, an dem – neben dem Bett – die Familie die meiste Zeit verbringt! Na ja, wahrscheinlich das eine Mitglied mehr als alle anderen. Jedenfalls werden hier Einkäufe verstaut, Vorräte gelagert; hier wird geschäumt, geschält, gekocht, gebraten, gedünstet, geputzt und gesäubert. Kurz: In der Küche gibt es viel zu tun!

Um hier flott und vernünftig arbeiten zu können, ist es hilfreich, wenn die Küche durchdacht geplant und eingerichtet ist. Ich war mal bei einer Familie zu Besuch, die reich wäre, wenn sie für das Kaffee-kochen Kilometergeld bekommen hätte. Die Kaffeemaschine stand in der einen Ecke der Küche, der Wasserhahn war am anderen Ende und das Kaffeepulver wurde wieder ganz woanders aufbewahrt. Die Antwort auf meinen Hinweis: „Ich laufe halt gerne!" Okay, das kann man so machen, wenn man möchte. Aber besser, man macht es sich in der Küche so bequem wie möglich und spart seine Kräfte für Pilates, Radfahren oder Yoga! Das heißt: alles in Griffweite – auch die Filtertüten!

WIE AUCH IMMER, HIER MEINE BESTEN TIPPS!

SAUBERKEIT

1 Öl gegen Fett
Auf Küchenmöbeln bildet sich mit der Zeit ein fieser Schmutzfilm aus Fett und Staub. Schrubben hilft da nicht. Mit etwas Speiseöl auf einem weichen Baumwolltuch löst sich der schmierige Belag. Im Anschluss mit Geschirrspülmittel-Lauge noch einmal drüber-gehen. Profis wischen noch mit einem fusselfreien Tuch trocken, damit keine Kalkschlieren entstehen. Die Küche glänzt wie neu!

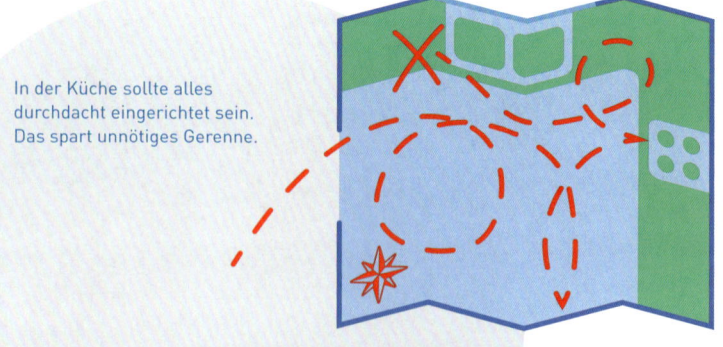

In der Küche sollte alles durchdacht eingerichtet sein. Das spart unnötiges Gerenne.

Tipp 1: Speiseöl löst schmierigen Belag.

2 Edelstahl-Glanz

Unschöne Fingerabdrücke und Schlieren an Edelstahlflächen lassen sich einfach mit einem nebelfeuchten Mikrofaser-Tuch entfernen. Wenn das Tuch zuvor mit einer Alkohol-Wasser-Mischung (2:1) angesprüht wurde, klappt das noch besser. Für gröbere Verschmutzungen empfehle ich einen weißen Putzstein. Unbedingt darauf achten, dass gebürsteter Edelstahl immer nur in Strichrichtung bearbeitet werden darf, da sonst leicht Kratzer entstehen. Ist die Fläche sauber, bringen etwas Baby- oder Paraffin-Öl auf einem weichen Baumwolltuch den Edelstahl zum Glänzen. Fläche mit Öl einreiben, polieren – et voilà!

TIPP FÜR DEN GLANZ ZWISCHENDURCH:

1. Beim Backen einen Esslöffel Mehl in die Edelstahlspüle rieseln lassen und mit einem weichen Tuch auspolieren! Bringt auf die Schnelle den alten Glanz zurück.
2. Zwischendurchpolitur nach dem Kartoffelschälen. Mit der inneren Schale durch die Spüle und um die Armaturen gehen, mit einem Tuch nachpolieren. Fertig! Die Stärke nimmt den Schmutz auf und bringt die Spüle zum Glänzen.

Tipp 2: Schneller Glanz für die Küche mit der inneren Kartoffelschale.

WEISSER PUTZSTEIN

Ein Putzstein ist im Prinzip eine Scheuermilch in fester Form. Mit einem Putzstein lassen sich hartnäckige Verschmutzungen beseitigen und Oberflächen gründlich säubern. Der große Vorteil: Die Oberfläche wird versiegelt! Alles perlt schön ab. Nicht geeignet ist der Putzstein für Acrylglas, Aluminium und Autolack. Ansonsten lassen sich damit im Prinzip alle Oberflächen säubern.

3 Freier Abfluss

Finger weg von skurrilen Tipps wie Cola oder Kaffeepulver, die angeblich die Rohre freipusten. Das ist alles Humbug! Ist der Abfluss richtig verstopft, hilft meist auch ein starker Abflussreiniger aus der Drogerie nicht mehr und der Klempner muss ran. Deswegen heißt es vorbeugen: Einmal in der Woche ein Päckchen Backpulver oder einen Esslöffel Soda in den Ausguss streuen, mit etwas Wasser hinterherspülen und einwirken lassen. Verstopfungen und unangenehme Gerüche haben so keine Chance!

4 Reinigungsmittel

Chemie ist nicht jedermanns Sache, auch nicht meine. Aber für Hygiene im Haushalt ist es wichtig zu wissen, dass es Laugen und Säuren gibt. Diese lösen unterschiedliche Verschmutzungen. Säuren, wie Essig oder Zitronensäure, entfernen Kalk. Laugen, wie Spülmittel und Allzweckreiniger, lösen Fette. Und mehr braucht es eigentlich im Putzschrank nicht – na ja, also fast nichts mehr:

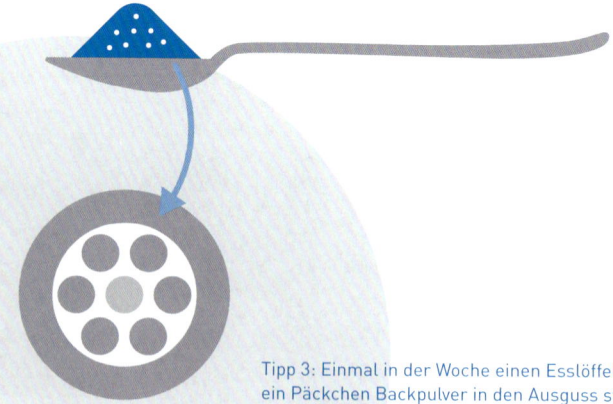

Tipp 3: Einmal in der Woche einen Esslöffel Soda oder ein Päckchen Backpulver in den Ausguss streuen.

MUST-HAVES REINIGUNGSMITTEL

☐ Spülmittel für das Geschirr (sanfte Lauge)
☐ Allzweckreiniger gegen Schmutz und Fett (Lauge)
☐ Badreiniger gegen Kalk (Säure)
☐ Scheuermilch gegen hartnäckige Flecken
☐ Backpulver
☐ Mikrofaser-Tuch

MUST-ALSO-HAVES REINIGUNGSMITTEL FÜR PROFIS

☐ Zitronensäure oder Essigessenz (besonders starke Säure)
☐ Spiritus für Fenster (Alkohol)
☐ Waschsoda (besonders starke Lauge)
☐ Salz

Und für alle, die sich die teuren Mittel aus dem Geschäft sparen möchten:

MEIN DIY-REINIGER

· 30 g Waschsoda
· 60 g Spülmittel
· Optional 20–30 Tropfen ätherisches Öl
· 60 ml Essigessenz (25 %)
· 1,75 l Wasser

ZUBEREITUNG

Soda mit etwa 250 ml Wasser in einem Topf verrühren und kurz zum Kochen bringen. Topf vom Herd nehmen und Spülmittel und Öle zufügen, weiterrühren. Essigessenz zugeben und immer noch rühren. Danach mit etwa 1,75 l Wasser auffüllen und wieder gut durchmischen. Den fertigen Reiniger in geeignete Gefäße abfüllen und beschriften. Vor Gebrauch immer schütteln! Außer für Marmor ist der Reiniger für alles geeignet. Auch für das Wischwasser für den Fliesenboden – ein Schuss reicht. Vorsicht allerdings bei Holz, Laminat, Kork etc. Wer sich unsicher ist, an verdeckter Stelle ausprobieren. Für starke Verschmutzungen Reiniger einwirken lassen!

LEBENSMITTEL

5 Brot aufbewahren

Frisches Brot schmeckt am besten. Aber auch am zweiten oder dritten Tag kann Brot noch super-saftig und lecker sein. Das A und O dafür ist, dass das Brot atmen kann. Deswegen sollte Brot nicht luftdicht gelagert werden. Empfehlenswert ist ein Tontopf, denn der kann Feuchtigkeit aufnehmen und wieder an das Brot abgeben. Ein Apfel verstärkt die Wirkung zusätzlich.

WICHTIG: Angeschnittenes Brot mit der Schnittfläche nach unten lagern. Damit Schimmel keine Chance hat, sollte das Brotbehältnis täglich gelüftet und einmal in der Woche mit Essig ausgewaschen werden.

Tipp 5: Angeschnittenes Brot mit der Schnittfläche nach unten aufbewahren.

6 Brötchen frisch halten

Brötchen vom Vortag sind entweder trocken oder weich. Jedenfalls wenig appetitlich! Muss aber nicht sein, wenn übrig gebliebene Brötchen mit Wasser benetzt in einer Tüte verpackt im Gefrierfach aufbewahrt werden. Nach Bedarf im vorgeheizten Backofen bei 160 Grad fünf Minuten lang backen. Dann sind sie knusprig und frisch wie am ersten Tag.

Ich schneide alte Brötchen auch gerne in Scheiben und mache entweder Bruschetta daraus oder lege die Scheiben in verquirltes Ei und brate das Ganze in der Pfanne. Mit Schnittlauch bestreuen oder Tomatenwürfeln oder Zwiebeln oder, oder, oder … Und jetzt kommt's! Nach dem Wenden eine Scheibe Käse auflegen und Deckel auf die Pfanne, damit er schön verläuft … Hm, lecker!

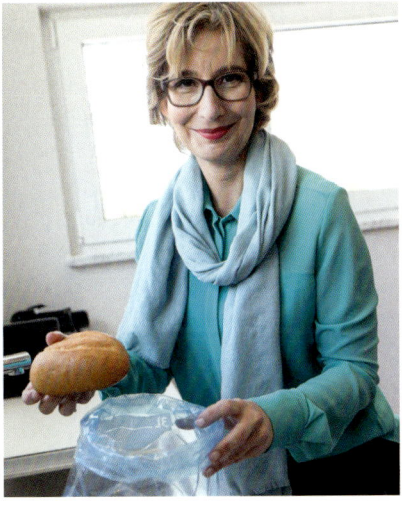

Tipp 6: Übrig gebliebene Brötchen anfeuchten, in eine Tüte packen und ab in den Gefrierschrank.

MEIN BRUSCHETTA-REZEPT

Brötchenhälften im Ofen goldbraun rösten. Tomaten in kleine Stücke schneiden und mit fein geschnittenen Basilikumblättern vermengen. Ordentlich Olivenöl dazu und mit Salz und Pfeffer würzen. Das geröstete Brot mit frischem Knoblauch einreiben und mit der Tomaten-Basilikum-Olivenöl-Mixtur großzügig belegen. Am besten noch warm essen!

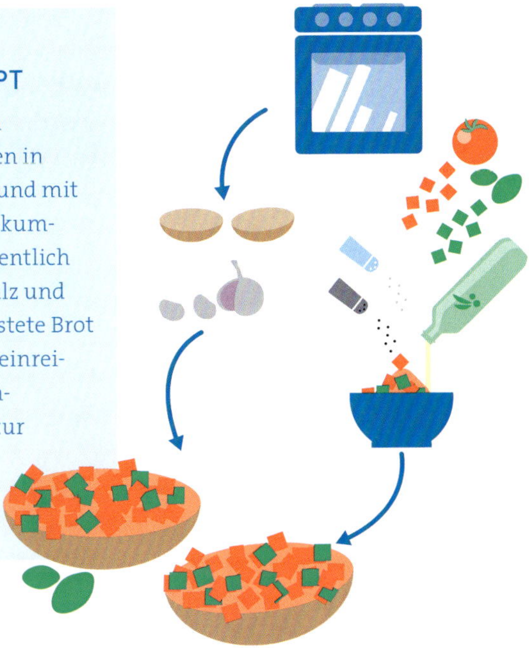

7 Eier trennen

Viele Rezepte benötigen entweder nur Eiweiß oder Eigelb. Was habe ich Eier aufgeschlagen, Schalen zerbröselt, Eigelbe hin und her gegossen und trotzdem alles vollgekleckert oder das Eigelb kaputt gemacht und mich schwarzgeärgert. Heute trenne ich Eier innerhalb von wenigen Sekunden ohne Schalenstücke oder Gematsche ganz einfach mit einer (sauberen) PET-Wasserflasche. Und das geht so: Ei (oder Eier) vorsichtig in eine Schale aufschlagen. Die Luft aus der PET-Flasche drücken und die Öffnung an das Eigelb halten. Langsam mit dem Unterdruck das Eigelb in die Flasche ziehen. Fertig!

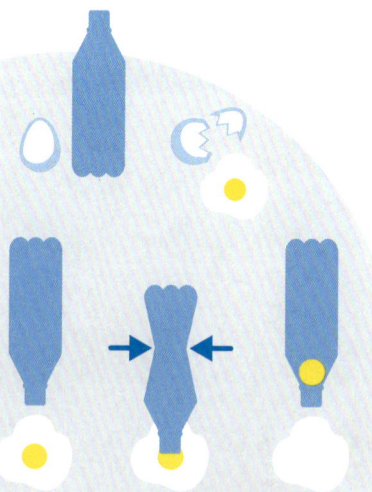

8 Vorräte

Ein gut gefüllter Vorratsschrank hat noch niemandem geschadet! Falls es schnell gehen muss, die Geschäfte zuhaben oder überhaupt ...

MEINE VORRÄTE – MUST-HAVES

- ☐ Weizenmehl Typ 505
- ☐ Zucker
- ☐ Backpulver
- ☐ Salz
- ☐ Pfeffer
- ☐ Eier
- ☐ Nudeln
- ☐ Dosentomaten
- ☐ Tomatenmark
- ☐ Rote Linsen
- ☐ Reis
- ☐ Getrocknete Steinpilze
- ☐ Brühe
- ☐ Obstkonserven oder -gläser
- ☐ H-Schlagsahne
- ☐ Senf
- ☐ Olivenöl
- ☐ Neutrales Öl
- ☐ Essig
- ☐ Couscous
- ☐ Knäckebrot
- ☐ Zwiebeln
- ☐ Knoblauch
- ☐ Kartoffeln

Tipp 7: Luft aus der PET-Flasche drücken und die Flasche über das Eigelb halten. Mit dem Unterdruck das Eigelb vorsichtig in die Flasche ziehen.

Tipp 9: Bei Befall Motteneier mit einem Föhn entfernen.

9 Lebensmittelmotten

Wer Lebensmittelmotten in seiner Küche entdeckt, muss schnell handeln. Sämtliche Vorräte sollten akribisch kontrolliert werden. Findet sich darin ein kleines weißes Gespinst oder sogar krabbelnde Larven, sofort in den Müll damit – auch wenn es sich um den sauteuren Wildreis oder die exklusive Pralinen- packung handelt. Der gesamte Vorratsschrank muss ausgeräumt und mit Essigessenz ausgewaschen werden. Um alle Motteneier zu vernichten, Schrank mit einem Föhn trocknen – auch die Ritzen, Ecken, Spalten und kleinen Löcher!

Anschließend eine Pheromon-Falle aufstellen. Da Motten ein warmes, feuchtes Klima, Schmutz und besonders Krümel lieben, sollte der Vorratsschrank immer sauber und möglichst krümelfrei sein. Der Geruch von Lorbeer, Zitronenmelisse und Gewürznelken schreckt die Schädlinge ab.

Sind die Lebensmittel dann noch in dicht verschließbaren Gefäßen oder Vorratsbehältern verpackt, haben Motten wenig Chancen, es sich gemütlich zu machen.

10 Lieblingsliste zum Einkaufen ☀

Wer sich regelmäßig den Kopf darüber zerbricht, was im Kühlschrank fehlt, dem kann eine Lieblingsliste helfen. Einfach eine Liste mit allen Produkten erstellen, die regelmäßig im Haushalt verzehrt werden. Liste kopieren und an den Kühlschrank hängen. Wenn der nächste Wocheneinkauf ansteht, den Inhalt des Kühlschranks mit der Lieblingsliste abgleichen. Schon ist die Einkaufsliste fertig!

KÜCHENGERÄTE

11 Gerüche im Kühlschrank

Mief aus dem Kühlschrank lässt sich leicht entfernen. Geruchsneutralisierend sind:

· Ein Schälchen mit **BACKPULVER** (etwa alle vier Wochen erneuern)
· Eine **VANILLESTANGE**
· Ein halber **APFEL** (alle acht Tage auswechseln)
· Eine mit **NATRON** bestreute halbe Zitrone
· **KAFFEEPULVER** (sollte von Zeit zu Zeit erneuert werden)

Regelmäßig den Kühlschrank mit Essigwasser auswaschen, dann haben auch bakterienbedingte Gerüche keine Chance.

Tipp 11: Gegen Gerüche im Kühlschrank gibt es schnelle Hilfe.

MEINE LIEBLINGS-EINKAUFSLISTE

Tipp 10: Eine Lieblingsliste erleichtert den Einkauf. Einfach kopieren und an den Kühlschrank hängen!

GEMÜSE

- ☐ Salat
- ☐ Tomaten
- ☐ Paprika
- ☐ Gurken
- ☐ Karotten
- ☐ Pilze
- ☐ Kartoffeln
- ☐ Zwiebeln
- ☐ Knoblauch
- ☐ _____
- ☐ _____
- ☐ _____

OBST

- ☐ Äpfel
- ☐ Bananen
- ☐ Zitronen
- ☐ Saisonobst
- ☐ _____
- ☐ _____
- ☐ _____

MILCH-PRODUKTE

- ☐ Milch
- ☐ Butter
- ☐ Joghurt
- ☐ Quark
- ☐ Käse
- ☐ Frischkäse
- ☐ Sahne
- ☐ _____
- ☐ _____
- ☐ _____

GETREIDE-PRODUKTE

- ☐ Brot
- ☐ Brötchen
- ☐ Toast
- ☐ Knäckebrot
- ☐ Müsli
- ☐ Kuchen
- ☐ Kekse
- ☐ Nudeln
- ☐ _____
- ☐ _____
- ☐ _____

BELAG

- ☐ Käse
- ☐ Wurst
- ☐ Marmelade
- ☐ Honig
- ☐ _____
- ☐ _____
- ☐ _____

FLEISCH UND FISCH

- ☐ Geflügel
- ☐ Rindfleisch
- ☐ Schwein
- ☐ Hackfleisch
- ☐ Fisch
- ☐ Speck
- ☐ _____
- ☐ _____
- ☐ _____

GETRÄNKE

- ☐ Wasser
- ☐ Saft
- ☐ Limonade
- ☐ Bier
- ☐ Wein
- ☐ Kaffee
- ☐ Tee
- ☐ _____
- ☐ _____
- ☐ _____

SONSTIGES

- ☐ Öl
- ☐ Essig
- ☐ Ketchup
- ☐ Eier
- ☐ Süßes
- ☐ Salziges
- ☐ _____
- ☐ _____
- ☐ _____

12 Kühlschrank richtig einräumen

Kühl ist nicht gleich kühl im Kühl-schrank. Die unterschiedlichen Fächer des Kühlgeräts haben unterschiedliche Temperaturen, damit alle Lebensmittel optimal gelagert werden können. Oben beträgt die Temperatur etwa 8 Grad, in der Mitte sind es etwa 4–5 Grad, unten etwa 2 Grad. Geräucherte Wurst und zubereitete Speisen vertragen es etwas milder und gehören ins obere Fach. Eine Etage tiefer ist der Platz für Milchprodukte, wie Käse, Joghurt, Quark, und Marmeladen. Frisches Fleisch, Wurst, Fisch und alle leicht verderb-lichen Lebensmittel sollten im kältesten Bereich, also im untersten Fach, gelagert werden.

Was in Gläsern bereits angebrochen ist – wie etwa Senf – kommt in die Tür, ebenso wie Getränke. Obst und Gemüse gehören ins Gemüsefach.

Bei **OBST** gilt die Faustregel: Heimisches liebt es kühl, Exoten mögen es warm. Äpfel können gut im Kühlschrank aufbewahrt werden, die Ananas bleibt lieber draußen.

Prinzipiell alle **GEMÜSESORTEN** können in den Kühlschrank. Ausnah-men sind Auberginen, Tomaten, Kartoffeln und Kürbis. Auch Pilze

sollten in den Kühlschrank, aber bitte ohne Plastikverpackung! Sonst bildet sich Schwitzwasser, und die Pilze faulen. Besser in einer Papier-tüte oder etwas Küchenrolle lagern!

13 Ordnung im Kühlschrank ☀

Im Kühlschrank Ordnung zu halten, ist mit diesen drei Tricks eigentlich ganz einfach:

· **PLASTIKKÖRBCHEN** verschaffen einen Überblick über den gesamten Kühlschrankinhalt – auch über die Lebensmittel gaaaaanz hinten. Außerdem gelangt man so ohne langes Kramen an die Vorräte.
· Für angebrochene Soßen und Tuben eignet sich ein einfacher **EIERKARTON** in der Kühlschranktür.
· Damit Lebensmittel nicht verderben und weggeschmissen werden müssen, landen alle Reste und Produkte, die bald ablaufen, in einem speziellen „EAT ME NOW!"-KORB.

14 Pfannen und Töpfe

Nur eine Pfanne reicht leider nicht im Haushalt. Denn eine für alles gibt es nicht. Mit hohen Temperaturen lässt sich besonders gut in Edelstahl oder Gusseisen braten. Beschichtete Pfannen sind ideal für Eierspeisen, Fisch und Gemüse. Das heißt, in jeden Haushalt gehören mindestens zwei Pfannen, eine beschichtete und eine aus Edelstahl oder Gusseisen. Je nach Kochverhalten kommen noch mehr dazu: große, kleine, hohe, tiefe etc. In Pfannen mit hohem Rand lassen sich große Mengen Soße oder Gemüse zubereiten. Niedrige Pfannen eignen sich besonders zum Wenden von Pfannkuchen und Omelett. Bitte daran denken, auch den Deckel zu benutzen. Nicht nur bei Pfannen, auch bei Töpfen verhindert ein Deckel obendrauf, dass teure Energie verdampft.

ÜBRIGENS: Eine Pfanne oder ein Kochtopf sollte nie kleiner als die Platte sein, auf der gekocht wird. Das wäre Energieverschwendung.

15 Backofen-Reinigung

Einen Backofen sauber zu bekommen, ist zwar lästig, aber gar nicht so schwer. Am besten wird der Ofen sofort nach dem Gebrauch – noch leicht warm – mit normalem Geschirrspülmittel und einem Schwamm ausgewischt. Dann entstehen erst gar keine

Tipp 14: Die richtige Plattengröße für den Kochtopf wählen.

DEN KÜHLSCHRANK RICHTIG EINRÄUMEN

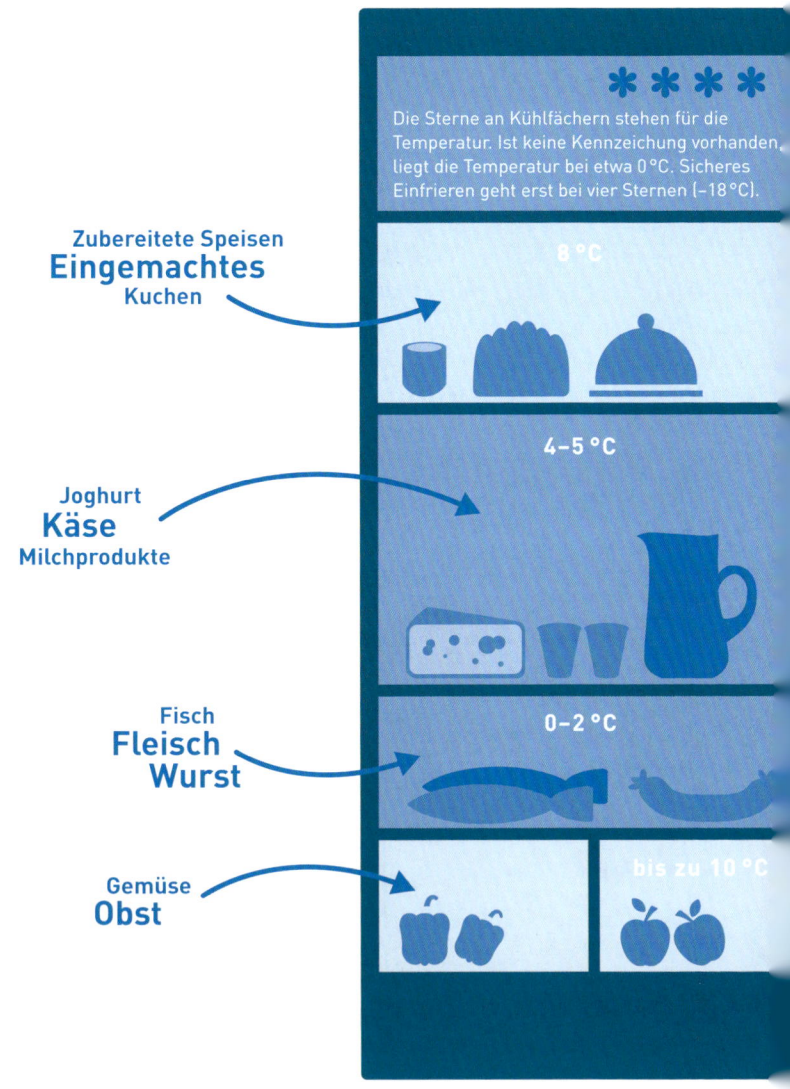

* * * *

Die Sterne an Kühlfächern stehen für die Temperatur. Ist keine Kennzeichung vorhanden, liegt die Temperatur bei etwa 0 °C. Sicheres Einfrieren geht erst bei vier Sternen (–18 °C).

Zubereitete Speisen
Eingemachtes
Kuchen

8 °C

Joghurt
Käse
Milchprodukte

4–5 °C

Fisch
Fleisch
Wurst

0–2 °C

Gemüse
Obst

bis zu 10 °C

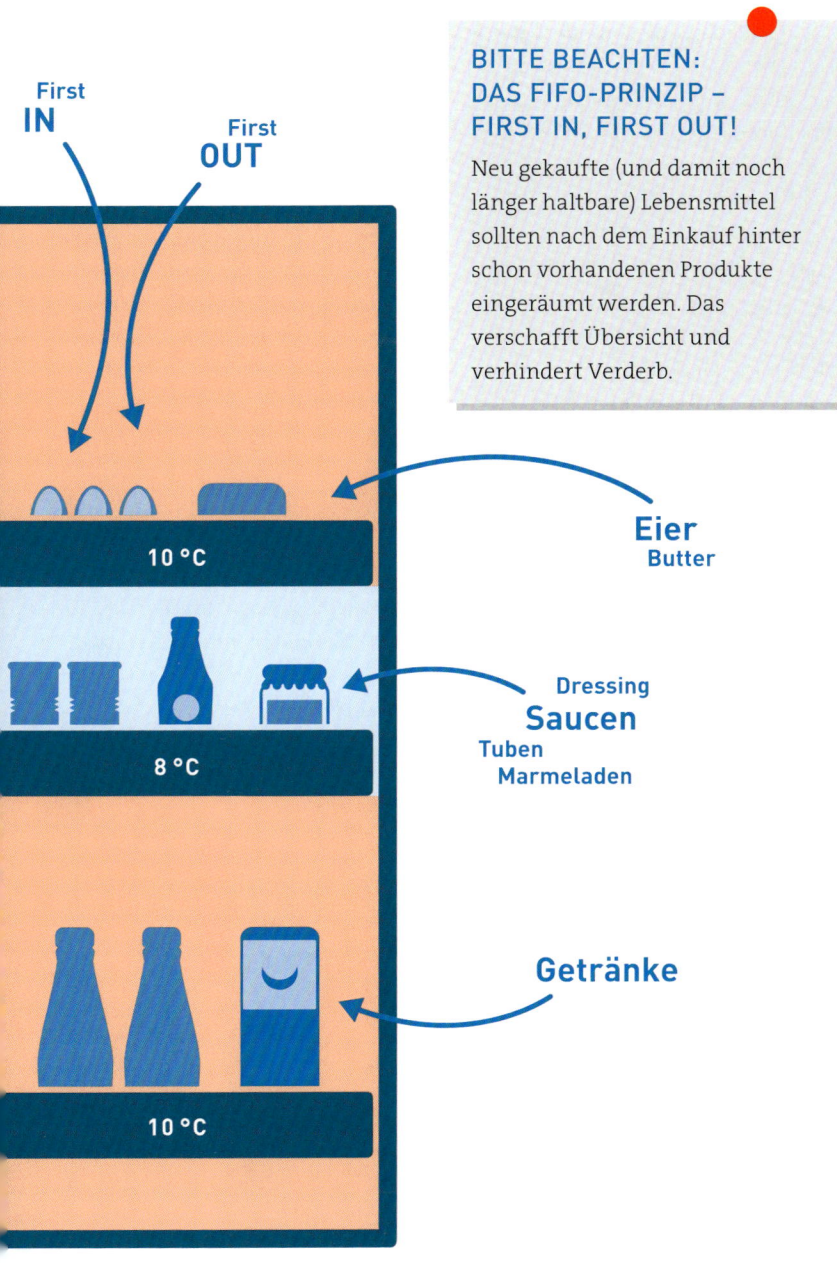

First
IN

First
OUT

**BITTE BEACHTEN:
DAS FIFO-PRINZIP –
FIRST IN, FIRST OUT!**

Neu gekaufte (und damit noch
länger haltbare) Lebensmittel
sollten nach dem Einkauf hinter
schon vorhandenen Produkte
eingeräumt werden. Das
verschafft Übersicht und
verhindert Verderb.

10 °C

Eier
Butter

8 °C

Dressing
Saucen
Tuben
Marmeladen

Getränke

10 °C

hartnäckigen Verkrustungen. Hat sich aber doch am Boden etwas eingebrannt, hilft Einweichen. Dazu eine Wasser-Spülmittel-Mischung auf den Boden geben und mit Küchenpapier abdecken. Die Wände mit dem Spüli-Mix einsprühen (bei starken Verschmutzungen Natronlauge oder Waschsoda verwenden) und einwirken lassen. Funktioniert auch mit meinem Universalreiniger von Seite 13. Eventuelle Reste vorsichtig mit einem Ceranfeldschaber entfernen. Alternativ funktioniert auch eine Paste aus Backpulver (etwa 3–4 Tütchen) und Wasser. Paste anrühren, auf verkrustete Stellen auftragen und mit Küchenpapier abdecken. Über Nacht einwirken lassen. Für besonders hartnäckige

Verkrustungen hat sich bewährt, eine halbvolle Spülmittelflasche mit gewöhnlichem Haushaltsessig aufzufüllen und mit der gut durchgeschüttelten Mixtur den kalten Backofen einzusprühen. Mit einem angefeuchteten Schwamm aufschäumen und mindestens eine halbe Stunde einwirken lassen – wenn es ganz schlimm ist, auch über Nacht. Mit Lappen und klarem Wasser nachwischen. Teurer Backofenreiniger bekommt das nicht besser hin.

Verkrustungen auf dem Backblech lassen sich mit normalem Salz entfernen. Großzügig Salz aufs Backblech streuen. Im Ofen bei 50 Grad 15 Minuten einwirken lassen. Danach sollte sich das Blech leicht abwaschen lassen.

Tipp 15: Erwärmtes Salz hilft gegen Verkrustungen auf Backblechen.

16 Gerüche in der Spülmaschine

Üble Gerüche aus dem Geschirrspüler können echt penetrant nerven. Sie entstehen durch Speisereste in der Maschine. Gegen den Gestank hilft eine umfassende Reinigung. Dazu Besteckkorb und Abflusssieb (das besteht in der Regel aus einem Grobfilter, einem Flächensieb und einem Mikrofilter) am Boden der Maschine herausnehmen und mit Handspülmittel abwaschen. Sprüharme abziehen oder abschrauben (ja, richtig gelesen!) und ordentlich durchspülen.

Wenn nötig, Kalk, Kerne, Reiskörner oder Ähnliches mit einer Nadel oder einem Zahnstocher entfernen. Alle Teile wieder in die Maschine einsetzen und auf den Boden Natron verstreuen. Das bindet Gerüche. Über Nacht einwirken lassen und danach wieder wie gewohnt mit Geschirr spülen.

Die Klappe der Spülmaschine sollte regelmäßig abgewischt werden (also, natürlich innen!), auch die Kanten, die Dichtung und die untere Seite der Innentür. Dazu am besten einige Tropfen Maschinenreiniger benutzen.

DAMIT SCHLECHTER GERUCH GAR NICHT ERST ENTSTEHT

- Speisereste immer sorgfältig entfernen
- Leere Maschinen nicht schließen, Tür nur anlehnen
- 1 × in der Woche 60-Grad-Spülgang benutzen gegen geruchsbildende Bakterien
- Regelmäßig alle eingebauten Teile der Maschine säubern
- 2 × im Jahr Maschinenreiniger verwenden

17 Spülmaschine richtig einräumen

Damit Geschirr und Besteck einwandfrei sauber werden, müssen sie richtig in der Spülmaschine eingeräumt sein. Wichtig ist, dass alle – und wirklich alle – Speisereste vor dem Einräumen von Tellern, Töpfen, Schüsseln und Besteck gekratzt werden. Das gilt besonders für fettige Soßen. Klar, Geschirr und Besteck gehören in die für sie vorgesehenen Halterungen und nicht irgendwohin, wo gerade Platz ist. Denn nur in den Halterungen wird das Geschirr flächendeckend von Wasserstrahlen getroffen und somit gesäubert. Gleich große Teller sollten hintereinander eingeräumt werden. Ist ja wohl logisch! Leichte

Plastikteile am besten fixieren, weil sie sich leicht durch die Wasserstrahlen umdrehen. Töpfe und Auflaufformen gehören in den unteren Spülkorb. **UND GANZ WICHTIG:** Nach dem Einräumen prüfen, ob die Sprüharme sich drehen können. Wenn ja, Maschine anstellen, und los geht's.

EXTRA TIPP: Die Spülmaschine sollte möglichst immer vollgeladen sein, um Wasser, Strom und Geld zu sparen. Allerdings nicht ZU voll, denn dann erreicht das Spülwasser nicht alle Teile.

18 Mief aus der Mikrowelle

Müffelt's aus der Mikrowelle, dann hilft eine kleine Schüssel Essigwasser mit einem Schuss Spülmittel. Die Schale mehrere Minuten bei etwa 400 Watt erhitzen. Durch den Dampf lösen sich selbst die hartnäckigsten Verschmutzungen. Das Gerät auswischen – alles wieder picobello! Damit die Mikrowelle sauber bleibt, am besten die Speisen mit einer Haube bedecken.

19 Keimfreie Lappen

Küchenlappen und Schwämme gehören wegen der Keimbelastung jede (!) Woche ausgetauscht.

Das kann ganz schön ins Geld gehen. Muss aber nicht. Denn in der Mikrowelle lässt sich das Putzmaterial wieder sauber dampfen. Innerhalb von nur zwei Minuten bei voller Leistung tötet die Mikrowelle 99 Prozent aller Keime aus Putzschwämmen und Lappen. Nach einer Mikrowellen-Behandlung sind die Bakterienschleudern so gut wie neu. Dazu müssen die Lappen und Schwämme vorher gut angefeuchtet werden und dürfen natürlich keine Metallteile enthalten.

Tipp 18: Mief aus der Mikrowelle verschwindet leicht mit Essigwasser und einem Schuss Spüli.

20 Mikrowellenkuchen

Wenn es ganz schnell gehen soll, der Besuch quasi schon vor der Tür steht und trotzdem etwas Frischgebackenes auf der Kaffeetafel stehen soll, dann ist die richtige Gelegenheit für einen Mikrowellen-Tassenkuchen. Ja, ehrlich! In der Mikrowelle kann man backen – und zwar gar nicht schlecht. Der Tassenkuchen sollte allerdings warm gegessen werden, sonst ist er schnell steinhart.

MEIN MIKROWELLENKUCHEN

ZUTATEN
- 30 g Butter
- 1 Ei
- 3 EL Zucker
- 2 EL Backkakao
- 4 EL Mehl
- 1/2 TL Backpulver
- 1 Päckchen Vanillezucker
- 1 Prise Salz

Zubereitung in einem Becher oder einer großen Tasse. Die Butter 30 Sekunden bei 800 Watt schmelzen. Unter ständigem Rühren die restlichen Zutaten hinzufügen. Möglichst viel Luft mit einarbeiten, dann wird der Kuchen lockerer. 1 Minute und 20 Sekunden bei 800 Watt backen. Fertig! Hm.

WOHNZIMMER

Das **WOHNZIMMER!** Unseres hat sich im Laufe der Jahre immer wieder verändert. Mit kleinen Kindern war es eher ein großer Spielplatz, und um am Abend halbwegs das Chaos zu beseitigen, waren schnelle Ordnungssysteme unerlässlich.

Auch die Bodenbeläge wechselten von pflegeleichtem Linoleum zu aufwendigem Holzboden. Aber egal, in welcher Familienphase der Einzelne sich befindet: Das Wohnzimmer ist das Herz des Hauses. Hier wird gelebt, gestritten und oft auch gegessen (macht alles Flecken …). Hier werden Staub und Tierhaare bekämpft und hier fragt man sich allzu oft, warum eigentlich keine Zeit bleibt, gemütlich auf dem Sofa zu sitzen.

Ich weiß nicht, ob es euch auch so geht, aber ich habe mein Wohnzimmerfenster viel öfter geputzt als alle anderen. Entweder war es beschmiert von kleinen Patschehänden, versaut durch rußende Kerzen oder Platzregen. (Im Schlafzimmer fällt das ja eher nicht auf – ist ja dunkel!) Wie es am besten funktioniert mit der klaren Sicht nach draußen und warum Glasreiniger dabei so gar keine Option ist: Einfach weiterblättern zu Tipp 33!

ORDNUNG

21 **Schnelle Ordnung**
Großflächiges Spielzeugchaos verschwindet in null Komma nix in Ordnungsboxen oder Kisten hinter den Zimmertüren. Abends einfach alles in die Kisten werfen. Tadaa! Das Wohnzimmer gehört wieder den Erwachsenen. Taschen oder Beutel an den hinteren Türklinken funktionieren auch gut.

Für alles, was zurück ins Kinderzimmer muss: Kiste in den Flur oder auf die Treppe stellen, und erst wenn die Box voll ist, entsprechend einsortieren. (Nicht für jedes einzelne Spielzeug ins Kinderzimmer rennen ...)

22 Ab in den Karton

Volle Wohnzimmerregale mit „Kram" wie aufgestapelten CDs, alten Zeitschriften, halbgelesenen Büchern, Stiften etc. wirken oft unruhig. Ordentlich wird es, wenn die Sachen in einheitliche Kisten und Boxen verstaut im Regal stehen. Das schafft klare Formen und weniger Staubfänger.

23 Optische Klarheit

Wenn es trotzdem noch unordentlich wirkt, kann es an zu vielen unterschiedlichen Farben und Deko liegen. Gerade in kleinen Räumen sollte auch auf die optische Ordnung geachtet werden. Für Kissen, Vorhänge und Deko empfiehlt sich eine Farbwelt, so wird es harmonisch!

24 Etiketten für Boxen

Alles brav in Kisten gepackt, damit es ordentlicher wird? Prima! Nun gehören aber noch Etiketten auf die Behälter, damit auch alles schnell wieder auffindbar ist. Besonders wichtig sind Beschriftungen im Keller oder im Haushaltsschrank. Oder wisst ihr aus dem Effeff, wo das Verlängerungskabel liegt?

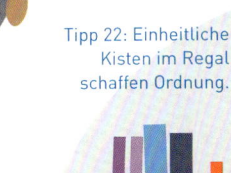

Tipp 22: Einheitliche Kisten im Regal schaffen Ordnung.

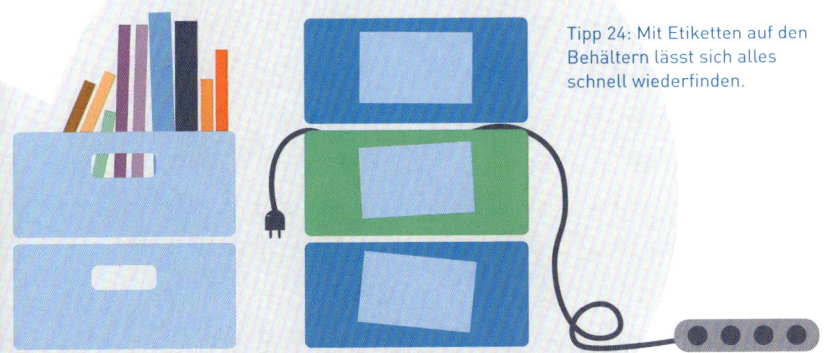

Tipp 24: Mit Etiketten auf den Behältern lässt sich alles schnell wiederfinden.

STAUB

25 Staubsaugen mit System

Die wichtigste Regel: Vor dem STAUBWISCHEN kommt STAUB-SAUGEN. Denn das Saugen wirbelt Staub auf. Wer also erst wischt und dann saugt, kann direkt nach dem Saugen wieder mit dem Wischen anfangen. Deshalb immer mit dem SAUGEN beginnen.

Bevor es losgeht, alle Stühle und Gegenstände aus dem Weg räumen. Das spart Generve und Zeit! Immer von links nach rechts saugen, damit keine Flächen doppelt gesaugt werden.

26 Richtig staubwischen

Richtig staubwischen heißt, den Staub EINFANGEN, also die Flusen mit einem Wedel, Tuch oder Mopp aufnehmen – und nicht die Flusen einfach vom zu entstaubenden Möbelstück herunterfegen. (Deswegen müsste es eigentlich Staubeinfangen statt Staubwischen heißen.) Trotzdem gilt die Regel: Immer von „oben nach unten" Staub entfernen. Denn auch beim perfekten Einfangen werden Partikel aufgewirbelt, die sich dann auf tiefer liegenden Gegenständen wieder breitmachen. Deswegen am besten mit der Decke und den Lampen starten. Hier trocken abstauben. Eine Etage tiefer

Tipp 26: Ausrangierte Nylonstrumpfhosen sind perfekte Staubtücher.

können unemp-
findliche Flächen
wie Regalböden
und Schränke feucht
abgewischt werden. Klares
Wasser ohne Reiniger reicht aus. Bei
nicht abwaschbaren Flächen mit
dem trockenen Staubtuch in Form
einer Acht den Staub im Tuch
einfangen. Als Staubtücher eignen
sich übrigens ausrangierte Nylonstrumpfhosen perfekt. Sie binden
den Staub, sind preiswert und
nachhaltig, weil wiederverwendbar.
Ab und zu mal waschen wäre gut!

Tipp 27: Staubfreie Decken-Ecken mit einem
über einen Besen gestülpten Kopfkissenbezug.

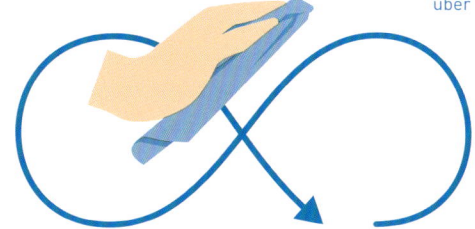

27 Decken-Ecken

Wer entfernt regelmäßig
Staub und Spinnenweben aus den
Zimmerecken an der Decke? Kaum
jemand, ist ja auch schwierig
ranzukommen. Mit einem Besen, um
den ein Kopfkissenbezug gewickelt
wird, ist aber fast jede Decken-Ecke
zu erreichen – selbst im 4,80 m
hohen Altbau. (Auch wenn hier je
nach Größe eventuell noch ein Tritt
benötigt wird.)

28 Staub vermeiden

Ganz los wird man Hausstaub
nie, aber er lässt sich reduzieren:

· Möglichst wenig Staubfänger wie
  Figuren, Bilder, aber auch Kissen,
  schwere Vorhänge oder langflorige
  Teppiche in der Wohnung.
· Polstermöbel häufig mit dem
  Polster-Aufsatz saugen.
· Je mehr Gegenstände in Schränken
  stehen, desto weniger können
  einstauben.

WOHNZIMMER PUTZEN

dann
staubwischen

zuerst
staubsaugen

und am Schluss
feucht
wischen

Stühle und Gegenstände
wegräumen

von
**oben nach unten
staubwischen**

MUST-HAVES
STAUBWISCHEN

☐ Mikrofaser-Tuch und
   Sprühflasche zum Anfeuchten
   (für alle unempfindlichen
   Oberflächen)
☐ Staubtuch
☐ Staubwedel, synthetisch oder
   Feder (für empfindliche
   Oberflächen)
☐ Mopp
☐ Pinsel (für Filigranes und die
   ganz kleinen Ecken)

unempfindliche
**Flächen
feucht abwischen**

29 Gerüche im Staubsauger

Wenn es muffig aus dem Staubsauger bläst, einfach Waschmittel auf dem Boden verteilen und aufsaugen. Schon verbreitet der Sauger den Duft von frisch gewaschener Wäsche. Funktioniert auch mit Tee aus Teebeuteln.

Damit der Geruch aber dauerhaft aus dem Gerät verschwindet, sollten Beutel und Filter regelmäßig gewechselt und auch der Staubsauger gereinigt werden. Saugrohr und Schlauch einmal im Monat mit klarem Wasser durchspülen und die Düsen säubern. So muffelt's nicht so schnell wieder.

Tipp 30: Nylonstrumpf über das Saugrohr, damit kleine Gegenstände nicht eingesaugt werden.

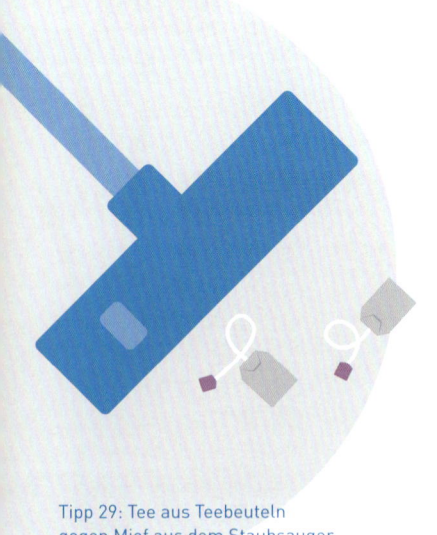

Tipp 29: Tee aus Teebeuteln gegen Mief aus dem Staubsauger.

30 Saugen mit Auffangschutz

Befinden sich irgendwo in der Wohnung noch verlorene Ohrringe, abgefallene Knöpfe oder verschwundene Glücksmurmeln? Damit kleine Gegenstände nicht auf Nimmerwiedersehen im Staubsauger verschwinden, einfach die Düse abziehen und über das Saugrohr einen Nylonstrumpf ziehen. Entweder mit der Hand festhalten oder mit einem Gummi fixieren. So werden nur Flusen und Dreck eingesogen, und die verlorenen Schätze können gerettet werden. Klappt auch mit verlorenen Kontaktlinsen.

31 Polstermöbel entstauben

Ein angefeuchtetes Bettlaken über das verstaubte Möbelstück legen und mit einem Teppichklopfer oder einem Tennisschläger drauflosdreschen, dass die Fetzen fliegen. **EINFACHER STAUB- UND STRESSABBAU!** Das feuchte Laken fängt den Schmutz auf. Danach ab in die Wäsche damit. Funktioniert auch bei Autositzen!

FENSTER

32 Strahlend weiße Gardinen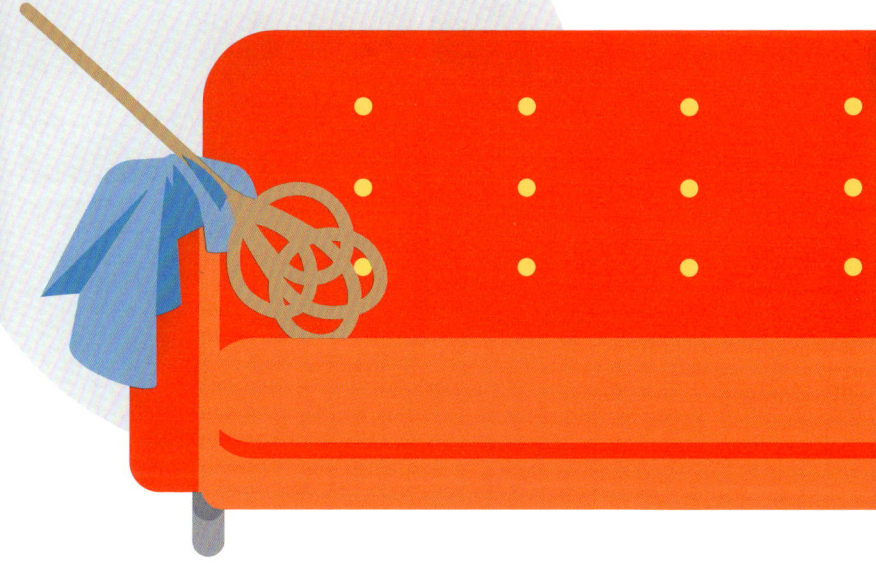

Nach einer Wäsche mit pulverförmigem Vollwaschmittel und einer Tüte Backpulver strahlen vergilbte oder vergraute Gardinen wieder weiß. Gardinen nach dem Waschen sofort aus der Maschine nehmen und noch feucht aufhängen, sonst gibt es Knitterfalten. Einen Weißeffekt hat auch der optische Aufheller „Wäscheblau" aus der Drogerie. Die günstige Alternative ist eine Patrone blaue Tinte in die Spülkammer. Kein Scherz!

Tipp 31: Gegen einen Teppichklopfer und ein angefeuchtetes Bettlaken hat Staub keine Chance.

FENSTER PUTZEN

Tipp 33: Streifenfreie Fenster – so geht es richtig:

33 Streifenfreie Fenster
SO GEHT ES RICHTIG

1. Fenster vor dem Putzen mit weicher **BÜRSTE** reinigen.
2. Rillen im Rahmen aussaugen.
3. Griffe und Rahmen mit Hilfe eines **PUTZSTEINS** reinigen.
4. Scheiben mit einer milden warmen **SPÜLILAUGE** mit einem Schuss Spiritus und ein paar Tropfen Glyzerin säubern.
5. Mit einem Mikrofaser-Tuch oder einem Schwamm in kreisenden Bewegungen erst von oben nach unten, dann von links nach rechts wischen.
6. Gegen hartnäckige Schmierfilme helfen zusätzlich **SODA** oder Apotheken-Alkohol.
7. Mit einem **ABZIEHER** Schmutzwasser von oben nach unten abnehmen. Gummilippe jedes Mal (!) mit einem sauberen Tuch trocken reiben.
8. Mit **FENSTERLEDER** nachwischen.
9. Eventuelle Streifen mit einer alten **NYLONSTRUMPFHOSE** wegpolieren. Bitte kein Zeitungspapier verwenden. Die Druckerschwärze hinterlässt Flecken auf Glas und Rahmen.
10. Fensterdichtungen mit **GLYZERIN** behandeln. Die Fenster schließen dann besser.

MEINE FENSTERPUTZ-LAUGE

- 3 Liter lauwarmes Wasser
- 1 Spritzer Spülmittel (kein Balsamspülmittel)
- 1 Verschlusskappe Spiritus
- Ein paar Tropfen Glyzerin

Damit es nicht zu sehr schäumt, zuerst das Wasser einfüllen. Wer seine Fenster lieber einsprüht als einseift, kann die Fensterputzlauge in Sprühflaschen abfüllen.

SO BESSER NICHT

GLASREINIGER
Glasreiniger aus der Sprühflasche führt zu Schlieren auf Fenstern. Der Grund: Der Reiniger bleibt auf der Scheibe haften. Bei jeder Wäsche wird mehr Mittel aufgebracht und verrieben. Die Folge: Ein Pflegefilm, der nach dem Putzen lästige Schlieren oder Streifen verursacht. Um den Film zu entfernen, Fenster nur mit Wasser, ein wenig Spülmittel (bitte KEIN Balsamspülmittel) und einem Schuss Spiritus waschen.

BALSAMSPÜLMITTEL
Wie Glasreiniger bildet auch Balsamspülmittel durch seine hautpflegenden Bestandteile einen Pflegefilm auf

der Scheibe, die Ursache für Schlieren und Streifen. Entfernen des Pflegefilms: siehe oben.

SOMMERSONNE
Knallt die Sonne, dann besser keine Fenster putzen! Warme Sonnen-strahlen trocknen die Scheiben zu schnell. Die Folge: Putzstreifen.

DEFEKTER ABZIEHER
Ist die Gummilippe des Abziehers beschädigt, muss er ausgetauscht werden. Streifenfreie Fenster kann er so nicht mehr putzen.

34 Rollos säubern
Mit einer nebelfeuchten Tennissocke werden Rollos und

Jalousien aus Holz und Metall unkompliziert sauber und staubfrei. Socke über die Hand ziehen und loswischen!

BODEN

35 Teppichpflege
Mindestens einmal in der Woche Teppiche und Auslegeware saugen, damit sich kein Schmutz in den Fasern festsetzt. Bei Langflor-teppichen die glatte Düse des Saugers verwenden, um die Fasern durch den Bürstvorsatz nicht zu schädigen. Lose Teppiche vorsichtig ausklopfen. Hier auch die Rückseite reinigen. Alle ein bis zwei Jahre ist eine Grundreinigung nötig. Dafür

Tipp 34: Rollos mit einer nebelfeuchten Tennissocke sauber wischen.

Tipp 35: Lose
Teppiche vorsichtig
ausklopfen.
Rückseite nicht
vergessen.

bitte spezielle Reinigungsgeräte und -mittel aus dem Fachhandel verwenden. Teppichreiniger oder Trockenschaum funktionieren gut.

Flecken auf dem Teppich sollten immer sofort ausgewaschen werden, am besten hilft sprudelndes Mineralwasser und ein sauberes Baumwolltuch. Bitte von außen nach innen vorgehen, um den Fleck nicht zu vergrößern. Und selbstverständlich nicht reiben, sondern TUPFEN.

Bei hartnäckigen Flecken hilft nur spezielles Teppichreinigungsmittel.

Wenn der Teppich durchnässt ist (Eimer umgekippt), sofort mit Frottiertüchern die Nässe aufnehmen.

Boden nach dem Wischen trocknen lassen, bevor der Teppich wieder aufgelegt wird. Durch die Feuchtigkeit in den Fasern können sonst üble Gerüche entstehen.

36 Laminatpflege
NORMALREINIGUNG

Mit einem Baumwolltuch oder speziellen Mikrofaser-Lappen. Ein wenig Spüli und etwas Essigessenz in das Wischwasser. Den Lappen oft ausspülen und nebelfeucht den Boden reinigen.

SPEZIALREINIGUNG

Laminat-Pflegemittel aus dem Supermarkt enthalten Wachse und Öle, die nach längerer Anwendung einen Pflegefilm aufbauen. Der Boden bleibt dann nach dem Wischen streifig. Um den Pflegefilm zu entfernen, hilft etwas Soda im Wischwasser (das entfettet) und häufiges Nasswischen (wie oben beschrieben).

STREIFENENTFERNUNG

Dunkle Streifen von Schuhsohlen lassen sich mit einem Schmutz-radierer entfernen.

GLANZPFLEGE

Richtig glänzend wird die nebel-feuchte Pflege mit lauwarmem Wischwasser, dem ein ordentlicher Schuss Weichspüler beigemischt wird.

37 Holzpflege

Holzfußböden sollten, nein müssen, immer nur nebelfeucht und mit einem sehr milden Mittel

Tipp 38: Viele schwierige Flecken lassen sich mit einem Schmutzradierer einfach entfernen.

gereinigt werden. Neutralreiniger reicht. Bei zu viel Wasser quillt das Holz auf und die Schäden lassen sich nicht mehr beheben. Vor dem Wischen mit einer speziellen Parkettbürste Staubsaugen. Nach dem Wischen Fenster öffnen, damit die Feuchtigkeit schnell verdunsten kann. Pflegemittel aus Wachs oder Öl nur sehr sparsam verwenden, da schnell ein Pflegefilm entsteht, der den Boden schneller verschmutzen lässt und nur sehr schwer wieder abgelöst werden kann. Deswegen bitte darauf achten, dass zur Reinigung ein Reiniger verwendet wird und kein Pflegemittel. Oft wird das nämlich verwechselt.

Mit etwas Wasser lassen sich **DELLEN** im Holz beseitigen. Ein paar Tropfen auf das eingedrückte Holz träufeln. Das Holz quillt auf und dehnt sich im Idealfall wieder in seine ursprüngliche Form zurück. Funktioniert auch bei Holztischen oder -treppen.

Gegen **KNARRENDE DIELEN** hilft Talkumpuder. Mit Tuch oder Pinsel in die Ritzen einarbeiten. Das sollte für Ruhe sorgen.

WÄNDE

38 **Fleck-weg-Radierer**
Viele schwierige Flecken wie Wachsmaler und Fettspritzer auf

Wänden lassen sich mit einem Schmutzradierer aus der Drogerie einfach entfernen. Dafür den Radierer anfeuchten und vorsichtig über die zu reinigende Stelle streichen. Schon ist der Fleck Schnee von gestern. Schmutzradierer nur auf waschbeständigen Tapeten oder Anstrichen einsetzen, sonst ist mit dem Fleck auch gleich die Farbe weg. Fingerabdrücke und dunkle Stellen um Lichtschalter herum lassen sich mit einem (normalen Büro-)Radierer wegrubbeln.

39 **Spaghetti-Anzünder**
Streichholz zu kurz? Statt teurer extralanger Luxushölzer tut's auch ein Spaghetti.

Tipp 39: Kerzen anzünden mit einem Spaghetti statt mit teuren extralangen Luxus-Streichhölzern.

FLUR

Der **FLUR** geht mir ja vielleicht auf die Nerven! Klar, er ist die Visitenkarte des Hauses, denn man stolpert ja meistens direkt in ihn hinein, wenn man eine Wohnung betritt. Und dann ist er in den allermeisten Fällen ja auch so waaaaahnsinnig großzügig geplant. Da kann man sich so richtig austoben mit Kreativität und pfiffigen Ordnungsideen!

Und die 8 Paar Schuhe, 17 Schals, 23 Mützen, einzelnen Handschuhe und mindestens drei Jacken, die jedes Familienmitglied sein Eigen nennt? Wohin bloß damit? Keine Ahnung! In der heißen Phase – als die Kinder noch klein waren – war bei uns jedenfalls mit Turnbeuteln, Schulranzen und Kinderwagen manchmal nicht mal Platz zum Auftreten. Und das war dann halt so! Also gelassen bleiben – und trotzdem versuchen, es sich schon an der Eingangstür schön zu machen! Kann klappen ...

GARDEROBE

40 **Spiegel säubern**
Nichts einfacher als das! Mit einem nebelfeuchten Mikrofaser-Tuch den Spiegel abwischen und mit einem weichen Baumwolltuch nachpolieren. Fertig! Am besten funktionieren alte Geschirrtücher oder ausrangierte Unterhemden. Sie fusseln nicht mehr und hinterlassen so keine Flusen auf dem Spiegel.

41 **Schuhe richtig putzen**
Damit Lederschuhe lange schön bleiben, brauchen sie regelmäßige Pflege. (Ja, ehrlich!) Pflegeprodukte aber bitte immer nur auf trockenen Schuhen anwenden. Glattleder mit einer Bürste oder einem feuchten Tuch von grobem Schmutz und Staub befreien. Anschließend farblich passende Schuhcreme mit einem weichen Baumwolltuch verreiben und einziehen lassen. Erst wenn keine feuchten Stellen mehr auf dem Leder zu sehen sind, nachpolieren.

Auch bei Velours- oder Rauleder-Schuhen muss vor der Pflege der Schmutz entfernt werden. Dazu eignet sich eine Spezialbürste. Anschließend ein spezielles Velours-leder-Spray auftragen. Meistens frischt dies nicht nur die Farbe auf, sondern imprägniert auch gleichzeitig.

WAS TUN BEI NASSEN SCHUHEN?

Schmutz und Dreck mit einem Tuch grob entfernen. Mit einer Schuhbürste nachbürsten. Nasse Schuhe mit Zeitungspapier ausstopfen und trocknen lassen. Zeitungspapier regelmäßig erneuern, da es sich schnell vollsaugt. Schuhwerk mit Ledersohle auf die Seite legen, dass auch die Sohlen gut trocknen können. Schuhe bitte nicht an die Heizung oder in die Sonne stellen, dadurch wird das Leder brüchig und hart. Gerade in den feuchten und kalten Monaten die Schuhe regelmäßig imprägnieren. Das ist der beste Schutz gegen Nässe und Schmutz.

WAS TUN BEI WASSERRÄNDERN?

Rohe Zwiebeln entfernen hässliche Wasserränder von glattem Leder. Mit einer Zwiebelhälfte die Stelle einreiben, einwirken lassen. Mit etwas Wasser nachwischen und mit weichem Tuch polieren. Keine Sorge, der Geruch verfliegt! Wem das zu speziell ist, der kann Wasserränder auch mit einer leichten Spülilauge abwaschen. Danach die Schuhe mit Zeitungspapier ausstopfen und gut trocknen lassen. Im Anschluss Schuhpflege verwenden.

Bei Veloursleder hilft ein Spezialradierer. Damit lassen sich Wasserränder einfach wegrubbeln. Hartnäckige Salzränder können mit etwas Flüssigwaschmittel behandelt werden. Anschließend Schuhe gut trocknen lassen und mit Pflegespray einsprühen.

Tipp 41: Rohe Zwiebeln entfernen hässliche Wasserränder von Glattlederschuhen.

WAS TUN BEI FLECKEN?

Auf Glattleder hilft oft ein normaler Radierer. Vorsichtig ausprobieren! Auf Veloursleder funktioniert ein spezielles Leder-Radiergummi.

WAS TUN BEI HARTEM LEDER?

Hartes Leder ist dehydriert, das heißt, es hat seinen Wasseranteil verloren. Um es wieder geschmeidig zu bekommen, hilft großzügiges Einfetten mit Vaseline und gleichzeitiges Walken. Überschüssige Creme sollte entfernt werden. Eine andere Methode: etwa eine Stunde mit feuchten Socken in den Schuhen laufen. Anschließend mit Zeitungspapier ausstopfen und trocknen lassen. Danach Schuhpflege verwenden.

WAS TUN BEI DRÜCKENDEN SCHUHEN?

Mit einem spiritusgetränkten Wattebausch die drückende Stelle betupfen. Im Schuh laufen, um das Leder zu weiten. Das gleiche Verfahren funktioniert auch an einer harten Ferse. Hier kann die Stelle zusätzlich fest nach innen gebogen und leicht geknetet werden. Profis klopfen die Ferse vorsichtig mit einem Hammer aus. Ist der Schuh insgesamt etwas knapp, dann kann feuchtes Zeitungspapier helfen. Schuhe damit ausstopfen und über Nacht stehen lassen. Danach das feuchte gegen trockenes Zeitungspa-

pier austauschen und immer (etwas größeren) Schuhspanner verwenden. So bleibt die Form erhalten.

BEHANDLUNG VON KLEMMENDEN REISSVERSCHLÜSSEN

Kerzenwachs macht Reißverschlüsse leichtgängiger. Den Reißverschluss mit kaltem Wachs innen und außen einreiben, möglichst ohne Kontakt mit dem Leder. Schon flutscht es wieder!

MUST-HAVES SCHUHPUTZZEUG

- ☐ 2 Rosshaarbürsten für helles und dunkles Glattleder
- ☐ Farblose Schuhcreme für helles Glattleder
- ☐ Dunkle Schuhcreme für dunkles Glattleder
- ☐ Imprägnier-Spray für Glattleder
- ☐ Spezialbürste für Veloursleder
- ☐ Veloursleder-Spray
- ☐ Leder-Radierer

43 Turnschuhmief 🖵

Gegen muffelnde Turn-
schuhe helfen mit Katzenstreu
gefüllte alte Nylonstrümpfe. Die
Strümpfe möglichst großflächig in
den Turnschuh legen und über Nacht
ziehen lassen. Die Streu nimmt die
Feuchtigkeit auf und neutralisiert
den „Duft". Turnschuhe lassen sich
auch in einem Wäschenetz bei 30
Grad im Schonwaschgang der
Waschmaschine waschen. Nach
der Wäsche mit Zeitungspapier
ausstopfen und hochkant stellen.

Tipp 42: PET-Flaschen als günstige
Stiefelspanner.

42 DIY-Stiefelspanner 🖵

Hohe Stiefel benötigen
Schaftstützen, sonst bilden sich auf
Dauer unerwünschte Falten. Statt
teurer Stiefelspanner leisten große
(1,5 l) PET-Flaschen kostenlos den
Dienst. Auch zusammengerollte
Kataloge funktionieren einwandfrei.

Tipp 43: Mit Katzenstreu gefüllte
Nylonstrümpfe neutralisieren
Turnschuhmief.

44 Mützen-Aufbewahrung ☀

Caps lassen sich prima übereinanderstapeln. Das Prinzip funktioniert auch im Hängen mit einem Bügel und Duschringen.

Wollmützen können platzsparend mit Wäscheklammern an einen Bügel gehängt werden.

45 Fußmatten pflegen

Viele Fußmatten sind theoretisch waschbar, allerdings passen die meisten wegen ihrer Größe gar nicht in die Waschmaschine. Fußabtreter lassen sich aber prima mit einem Gartenschlauch abspritzen und mit einem milden Reinigungsmittel und einer Wurzelbürste säubern. Statt einer Bürste eignet sich für dickere Fußmatten aus Naturmaterialien ein Gartenrechen. Die Zinken lösen den Schmutz, ohne die Matte zu beschädigen. Anschließend Matte erneut mit Wasser abspritzen. Zum Trocknen aufhängen.

Tipp 44: Caps platzsparend mit einem Bügel und Duschringen aufhängen.

Tipp 45: Fußmatten mit dem Gartenschlauch abspritzen.

46 Kaugummi entfernen 🖥

Vereisen ist das Zauberwort. Klebt das Kaugummi an der Schuhsole, die Schuhe in eine kleine Plastiktüte stecken und in das Gefrierfach legen. Nach etwa einer halben Stunde ist das Kaugummi tiefgefroren und kann problemlos entfernt werden. Das Prinzip funktioniert auch bei Kaugummi auf dem Teppich. Eiswürfel auf die Stelle legen, warten, bis das Gummi vereist ist, zerschlagen oder vorsichtig abknibbeln. Reste aufsaugen.

47 DIY-Schlüsselbretter

Hier sind der Fantasie keine Grenzen gesetzt. Schlüsselbretter können aus fast allen Materialien und Gegenständen aus Haushalt/ Garten/Natur schnell gebastelt werden.

DIES UND DAS

48 Bild gerade aufhängen 🖥

Bilder gerade aufhängen ohne Wasserwaage? Das geht ganz einfach mit einer Murmel. Denn alles, was rollt, ist auch ein Gradmesser. Bild platzieren und festhalten. Murmel oben auf den Rahmen legen, vorsichtig austarieren! Bleibt die Murmel ruhig liegen, die Markierungen für die Nägel setzen.

Tipp 48: Statt mit der Wasserwaage mit einer Murmel Bilder gerade aufhängen.

Tipp 49: Mit einer Haarspange Nägel einfach und schmerzfrei in die Wand hämmern.

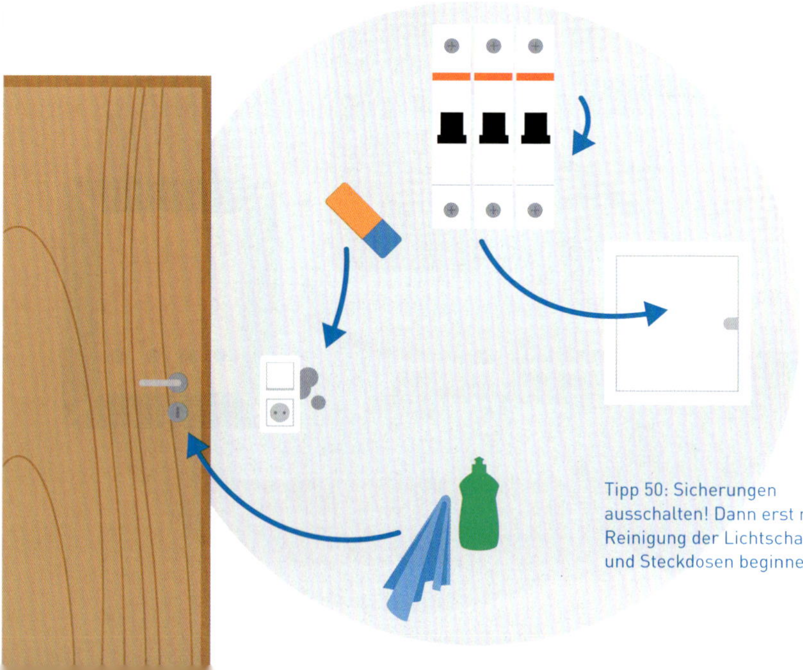

Tipp 50: Sicherungen ausschalten! Dann erst mit der Reinigung der Lichtschalter und Steckdosen beginnen.

46 Kaugummi entfernen

Vereisen ist das Zauberwort. Klebt das Kaugummi an der Schuhsole, die Schuhe in eine kleine Plastiktüte stecken und in das Gefrierfach legen. Nach etwa einer halben Stunde ist das Kaugummi tiefgefroren und kann problemlos entfernt werden. Das Prinzip funktioniert auch bei Kaugummi auf dem Teppich. Eiswürfel auf die Stelle legen, warten, bis das Gummi vereist ist, zerschlagen oder vorsichtig abknibbeln. Reste aufsaugen.

47 DIY-Schlüsselbretter

Hier sind der Fantasie keine Grenzen gesetzt. Schlüsselbretter können aus fast allen Materialien und Gegenständen aus Haushalt/Garten/Natur schnell gebastelt werden.

DIES UND DAS

48 Bild gerade aufhängen

Bilder gerade aufhängen ohne Wasserwaage? Das geht ganz einfach mit einer Murmel. Denn alles, was rollt, ist auch ein Gradmesser. Bild platzieren und festhalten. Murmel oben auf den Rahmen legen, vorsichtig austarieren! Bleibt die Murmel ruhig liegen, die Markierungen für die Nägel setzen.

Tipp 48: Statt mit der Wasserwaage mit einer Murmel Bilder gerade aufhängen.

WASCHKÜCHE

46 Kaugummi entfernen

Vereisen ist das Zauberwort. Klebt das Kaugummi an der Schuhsole, die Schuhe in eine kleine Plastiktüte stecken und in das Gefrierfach legen. Nach etwa einer halben Stunde ist das Kaugummi tiefgefroren und kann problemlos entfernt werden. Das Prinzip funktioniert auch bei Kaugummi auf dem Teppich. Eiswürfel auf die Stelle legen, warten, bis das Gummi vereist ist, zerschlagen oder vorsichtig abknibbeln. Reste aufsaugen.

47 DIY-Schlüsselbretter

Hier sind der Fantasie keine Grenzen gesetzt. Schlüsselbretter können aus fast allen Materialien und Gegenständen aus Haushalt/ Garten/Natur schnell gebastelt werden.

DIES UND DAS

48 Bild gerade aufhängen

Bilder gerade aufhängen ohne Wasserwaage? Das geht ganz einfach mit einer Murmel. Denn alles, was rollt, ist auch ein Gradmesser. Bild platzieren und festhalten. Murmel oben auf den Rahmen legen, vorsichtig austarieren! Bleibt die Murmel ruhig liegen, die Markierungen für die Nägel setzen.

Tipp 48: Statt mit der Wasserwaage mit einer Murmel Bilder gerade aufhängen.

WASCHKÜCHE

46 Kaugummi entfernen

Vereisen ist das Zauberwort. Klebt das Kaugummi an der Schuhsole, die Schuhe in eine kleine Plastiktüte stecken und in das Gefrierfach legen. Nach etwa einer halben Stunde ist das Kaugummi tiefgefroren und kann problemlos entfernt werden. Das Prinzip funktioniert auch bei Kaugummi auf dem Teppich. Eiswürfel auf die Stelle legen, warten, bis das Gummi vereist ist, zerschlagen oder vorsichtig abknibbeln. Reste aufsaugen.

47 DIY-Schlüsselbretter

Hier sind der Fantasie keine Grenzen gesetzt. Schlüsselbretter können aus fast allen Materialien und Gegenständen aus Haushalt/ Garten/Natur schnell gebastelt werden.

DIES UND DAS

48 Bild gerade aufhängen

Bilder gerade aufhängen ohne Wasserwaage? Das geht ganz einfach mit einer Murmel. Denn alles, was rollt, ist auch ein Gradmesser. Bild platzieren und festhalten. Murmel oben auf den Rahmen legen, vorsichtig austarieren! Bleibt die Murmel ruhig liegen, die Markierungen für die Nägel setzen.

Tipp 48: Statt mit der Wasserwaage mit einer Murmel Bilder gerade aufhängen.

DIY-SCHLÜSSELBRETTER

Äste
Schwemmholz
Bilderrahmen
Spielbretter
Skateboards
Backbleche ...

alte Spielfiguren
Pins
Legosteine
**Metallhaken
Magnethaken ...**

Tipp 49: Mit einer Haarspange Nägel einfach und schmerzfrei in die Wand hämmern.

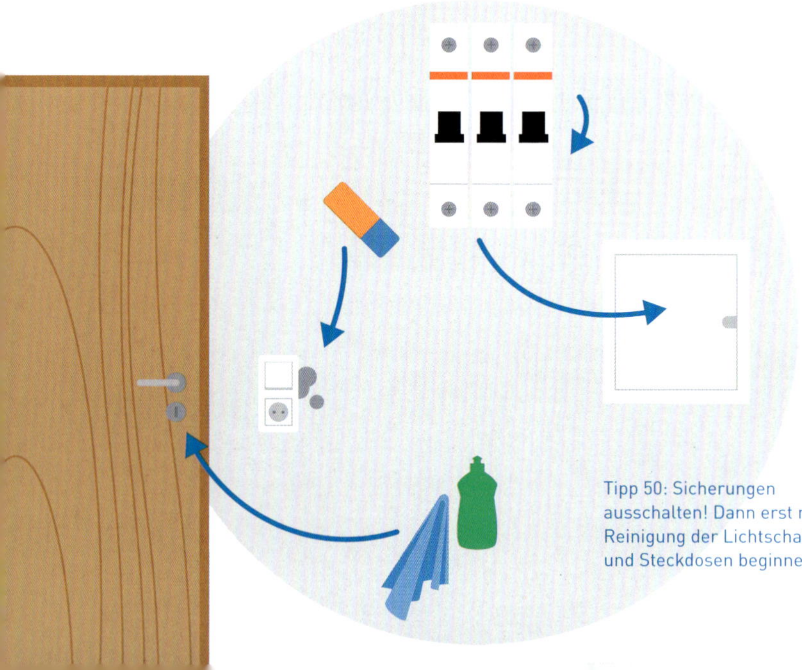

Tipp 50: Sicherungen ausschalten! Dann erst mit der Reinigung der Lichtschalter und Steckdosen beginnen.

49 Nageln ohne blauen Daumen

Nägel garantiert schmerzfrei in die Wand zu schlagen, klappt am einfachsten mit einer Haarspange oder einem Kamm. Den Nagel in die Haarspange oder den Kamm klemmen und auf der Markierung positionieren. Mit sicherem Abstand von den Fingern kann losgehämmert werden.

50 Lichtschalter und Steckdosen reinigen

Lichtschalter werden beim Hausputz gerne vergessen, dabei sind sie täglich im Einsatz und dementsprechend verkeimt. Für die normale Reinigung reicht es, einmal in der Woche mit milder Spülilauge drüberzuwischen. (Wie übrigens auch über alle Türklinken im Haus!) Einmal im Jahr sollten Lichtschalter sowie Steckdosen grundgereinigt werden. Vorher bitte Sicherungen ausschalten! Gehäuse abschrauben und in DIY-Küchenreiniger (ohne ätherisches Öl) einweichen. Anschließend säubern. Die Kunststoffteile können auch im Schonprogramm der Spülmaschine gereinigt werden. Vor dem Wiedereinbau gut trocknen lassen. Sicherung wieder einschalten! Dunkle Fingerabdrücke rund um Lichtschalter lassen sich mit einem einfachen Radiergummi wegrubbeln.

51 Heizkörper sauber pusten

Hinter oder unter den Heizkörper ein feuchtes Tuch legen oder hängen. Mit dem Föhn durch Ritzen und Rillen pusten. Der lose Staub bleibt auf dem nassen Tuch hängen. Tadaaa, alles sauber!

Tipp 51: Sauber pusten statt putzen. Feuchtes Tuch hinter den Heizkörper hängen und mit einem Haartrockner den Staub auf das Tuch föhnen.

WASCHKÜCHE

Wer eine eigene WASCHKÜCHE besitzt, der hat es richtig gut. So ein Raum hat ja üblicherweise eine Tür, die sich verschließen lässt – und wie von Zauberhand ist das unvermeidliche Wäschechaos zumindest vorübergehend nicht mehr sichtbar ... Aber im Ernst, ein Raum nur für die Wäsche ist großartig. Auch wenn wohl die meisten von uns ohne auskommen müssen. Und das funktioniert am besten gut organisiert. Dazu gehört es, nicht Unmengen von unterschiedlichen Waschmitteln zu horten. 1.) weil dafür kein Platz ist und 2.) weil das unnötig ist (siehe Tipp 55).

Nun ist es an der Zeit für ein Geständnis: Bei uns zu Hause wäscht mein Mann. Schon immer. Und in der ganzen langen Zeit unseres Zusammenlebens (27 Jahre) hat er nur einen Pullover geschrumpft und zwei, höchstens drei Maschinen verfärbt. Ein brandneues Kleid von mir ist einmal im Altkleidersack gelandet, weil es im Vintage-Look nach der ersten Wäsche so unmöglich aussah, dass er sich geweigert hat, es noch einmal zu waschen. Aber, ich schweife ab! Gerade die Wäsche erfordert – so laaaaangweilig sich das anhört – eine enorme Menge an Wissen und Disziplin! Sonst wächst sie einem buchstäblich über den Kopf.

ORDNUNG

52 Wäsche vorsortieren

In allen (!) Wäschestücken finden sich Etiketten mit PFLEGE-SYMBOLEN, die anzeigen, wie und ob das Kleidungsstück gewaschen, getrocknet und gebügelt werden kann. Diese Etiketten sind wichtig, weil hilfreich. Deswegen besser nicht abschneiden, sondern öfter mal draufgucken. Dann bleibt auch Empfindliches lange schön. Eigentlich ganz simpel, wenn man sich daran hält.

Getragene Kleidung gleich nach dem Ausziehen nach den Pflegekennzeichen für die Wäsche vorsortieren. Dabei helfen unterschiedliche Körbe für weißes, für helle und dunkle Farben und für Fein- und Wollwäsche. Rot und Grün sollten am besten extra gewaschen werden, weil sie ausbluten können. Falls die Maschine damit nicht voll wird, Handtücher in der jeweiligen Farbe anschaffen und mitwaschen. Ansonsten können sie auch in die dunkle Farbwäsche. Alles für die Reinigung beiseitelegen und die Handwäsche separat aufbewahren.

53 Waschtage

Wer wirklich viel Wäsche zu bewältigen hat, sollte zwei aufeinanderfolgende Tage in der Woche

PFLEGESYMBOLE

Tipp 52: Pflegesymbole beachten! Liste zum Kopieren.

 KOCHWÄSCHE bis 95 Grad möglich

 BUNTWÄSCHE bis 60 Grad möglich *

 BUNTWÄSCHE oder FEINWÄSCHE bis 40 Grad möglich

 FEINWÄSCHE bis 30 Grad möglich *

* Ein Balken unter dem Symbol bedeutet Schonwaschgang. Zwei Balken: Spezialschonwaschgang

 HANDWÄSCHE

 NICHT WASCHEN (ab in die Reinigung!)

 NORMALE Trocknung

 SCHONENDE Trocknung

 NICHT im Haushaltswäschetrockner TROCKNEN

 HEISS bügeln bis 200 Grad

 MÄSSIG HEISS bügeln bis 150 Grad

 NICHT HEISS bügeln bis 110 Grad

 NICHT BÜGELN liegend an der Luft trocknen

 Alle üblichen REINIGUNGS-VERFAHREN möglich

 PERCHLORETHYLEN-REINIGUNG

 SCHONENDE NASSREINIGUNG

 SCHONENDE REINIGUNG **

 KEINE chemische Reinigung möglich

** Ein Balken Ein Balken unter dem Symbol bedeutet schonende Reinigung.

 CHLOR- UND SAUERSTOFF-BLEICHE möglich

 NICHT bleichen

DIE PERFEKTE WASCHKÜCHE

Sie muss nicht groß sein, die perfekte Waschküche, aber durchdacht konzipiert! Die vorhandene Fläche für mindestens drei Körbe für die Schmutzwäsche (weiß, dunkel, fein/Wolle – siehe Tipp 52) nutzen und ein Regal, auf dem Waschmittel, Fleckenentferner, Bügeleisen etc. Platz finden. Boxen schaffen hier Ordnung. **WICHTIG:** ein Tisch zum Wäschelegen und eine Kleiderstange oder Aufhängungen für gebügelte oder hängend zu trocknende Wäsche.

Vollwaschmittel
Colorwaschmittel
Feinwaschmittel
Reisewaschmittel
Evtl. Wollwaschmittel

Weiß
Dunkel
Fein/Wolle

Kleiderstange
für gebügelte oder
hängend zu trocknende Wäsche

Boxen
für Ordnung

komplett für das Waschen reservieren. Am ersten Tag alles zusammensuchen, waschen, trocknen oder aufhängen. Empfindliches sofort bügeln oder legen. Am zweiten Tag den Rest zusammenlegen und in die Schränke räumen. So bleibt fast eine Woche, in der das Thema Wäsche abgehakt ist.

Wenn mehr als zwei Personen im Haushalt leben, sparen persönliche Wäschekisten enorm viel Zeit. Kisten mit Namen der Familienmitglieder beschriften und die fertige Wäsche in die jeweilige Kiste räumen. Das

Einsortieren übernimmt dann jeder für sich. Das schaffen schon Kinder ab dem Grundschulalter.

54 Wäsche vorbereiten

In Taschen von Hosen, Hemden, Jacken und Pullovern findet sich so allerhand. Darum neben die Waschmaschine eine Pinnwand hängen, an die Fundstücke wie Zopfgummis, Sammelsticker etc. geheftet werden können. Für Flummis, Nägel, Kreditkarten, Schlüssel und Geld gibt es auf der Maschine eine durchsichtige Fundbox.

Tipp 53: Persönliche Wäschekisten für fertige Wäsche sparen enorm viel Zeit.

ÜBRIGENS: An meiner Pinnwand hängen Nähnadeln mit eingefädeltem Zwirn in unterschiedlichen Farben. So lässt sich mal eben flott ein loser Knopf befestigen. Aber das ist vielleicht nicht für jeden etwas. Ich find es toll!

Für die Vor- und Fleckenbehandlung der Wäsche Zahnbürste, Gallseife, Waschsoda und Reisewaschmittel in der Nähe der Waschmaschine bereitlegen. Falls nur wenig Platz vorhanden, eignen sich Wandaufhängungen mit Taschen an der Wand oder hinter der Tür.

WASCHEN

55 Waschmittel

Eine Batterie an verschiedenen Wasch- und Pflegeprodukten für die Wäsche ist überflüssig. Es sind nur wenige Mittel nötig, um Haushaltswäsche sauber zu waschen und vernünftig zu pflegen.

Für **WEISSWÄSCHE** ist ein pulverförmiges kompaktes Vollwaschmittel empfehlenswert. Pulver deshalb, weil es keimabtötende Bleiche enthält, die dafür sorgt, dass die Wäsche nicht vergraut. Flüssig-

waschmittel enthält keine Bleiche. Nie! Egal, was darauf steht. Hier sorgen Enzyme für den Weißeffekt. Gegen Keime wirken sie aber nicht!

Für **FARBWÄSCHE** eignet sich ein Colorwaschmittel (je nach Geschmack flüssig oder pulverförmig) mit zusätzlichem Farbschutz. Es ist auch perfekt für schwarze Wäsche.

FEIN- UND WOLLWÄSCHE sollten mit Spezialwaschmittel behandelt werden, so werden die Fasern geschont. Bei kurzen Waschgängen ist die flüssige Form besser, wegen der Pulverrückstände. Wolle kann per Hand auch mit einem milden Shampoo gewaschen werden.

Ein **REISEWASCHMITTEL** dient der Fleckenvorbehandlung. Punktgenau auftragen lässt es sich abgefüllt in einen alten Deoroller.

MUST-HAVES WASCHMITTEL

☐ Vollwaschmittel (Kompaktpulver)
☐ Colorwaschmittel (Kompaktpulver oder flüssig)
☐ Feinwaschmittel (flüssig)
☐ Reisewaschmittel
☐ Evtl. Wollwaschmittel

HYGIENEWASCHMITTEL

Desinfizierende Hygienewasch-mittel sind für die normale Haushaltswäsche unnötig. Außerdem belasten sie die Umwelt. Bereits im normalen 40-Grad-Programm mit bleiche-haltigem Waschpulver (Voll-waschmittel) werden Kleidungs-stücke einwandfrei hygienisch sauber. Auch ohne Bleiche (Colorwaschmittel) sterben die meisten Keime bereits ab einer Temperatur von 50 Grad. Anders sieht es dagegen bei Pilzen aus (wie Candida oder Fußpilz). Hier bekommt man erst mit einer 60-Grad-Wäsche ein hygieni-sches Ergebnis. Nur in Ausnah-mefällen, etwa bei schweren infektiösen Krankheiten im Haus, kann ein Hygienespüler sinnvoll sein.

Wer in einer Gemeinschaftsmaschine wäscht, sollte immer erst die weiße Wäsche mit hoher Temperatur durchjagen. Weiß ja keiner, was der andere da vorher gerade so drinhatte.

56 Dosierung

Für die richtige Waschmit-telmenge bitte unbedingt die Hinweise auf der Verpackung lesen. Denn die ist bei JEDEM Waschmittel anders. Die richtige Dosierung liefert das beste Waschergebnis und spart Geld. WICHTIG DABEI: den Ver-schmutzungsgrad der Kleidung berücksichtigen. Leicht verschmutzt heißt einmal getragen. Normal verschmutzt: leichte Flecken. Stark verschmutzt sind etwa verdreckte Kinderklamotten oder Arbeitskleidung.

Bei der Dosierung auch auf die Wasserhärte achten. Die steht auf der Wasserrechnung oder lässt sich telefonisch und online beim zustän-digen Wasserwerk erfragen.

57 Umweltbelastende XXL-Packungen ⚡

Waschen belastet die Umwelt. Deswegen eher Produkte wählen, die möglichst wenig Chemie enthalten. Gerade die XXL-Pakete, die oft als Sonderangebote im Supermarkt

Tipp 56: Für die richtige Dosierung des Waschmittels ist der Verschmutzungsgrad der Wäsche entscheidend.

stehen, enthalten häufig sogenannte Rieselstoffe. Die sorgen dafür, dass das Pulver nicht verklumpt. Sie bestehen zum größten Teil aus Salz und werden in der Kläranlage nicht gefiltert. **DIE FOLGE:** Versalzung der Umwelt. Für ein optimales Waschergebnis braucht die Rieselstoffe kein Mensch. Deswegen sind sie aus meiner Sicht verzichtbar.

Kompakte Waschmittel (die in der kleinen Packung) sind wesentlich umweltfreundlicher. Sie sind daran zu erkennen, dass sie eine Dosierung von maximal 70 Gramm pro Waschgang mit normaler Verschmutzung empfehlen.

58 Maschinenpflege

Ja, auch die Maschine braucht Pflege, um lange sauber zu waschen. Und das geht so:

· Damit Bakterien gar nicht erst entstehen, Waschmittelrückstände nach **JEDER** (!) Wäsche aus der Einspülkammer entfernen.
· Die Waschmittelschublade **WÖCHENTLICH** (!!!) herausnehmen und reinigen.
· Nach der Wäsche Spülschublade und Bullauge zum Trocknen offen lassen. Dichtungsgummi trocken reiben – auch innen. Ebenso die Gummimanschette um die Maschinenöffnung. Dort sammeln sich

Tipp 57: Bei kompakten Waschmitteln reicht eine Dosierung von maximal 70 Gramm pro Waschgang.

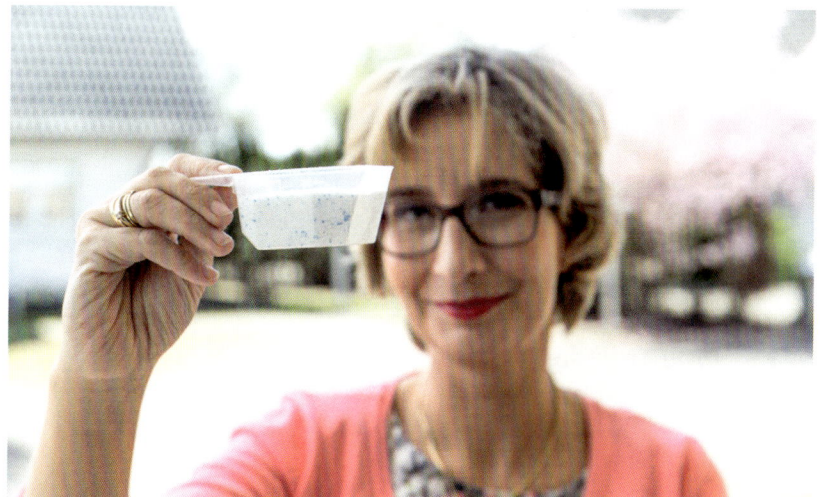

gerne Kleinteile wie Münzen, Socken und Haarklammern.

· Flusensieb **REGELMÄSSIG** reinigen.

· **EINMAL IM MONAT** mit 60 Grad und Vollwaschmittel-Pulver waschen, um Keime zu beseitigen. Damit hat sich auch gleich das Problem müffelnder Wäsche bzw. müffelnder Maschine erledigt. Denn das kommt meist vor, wenn hauptsächlich mit niedrigen Temperaturen und Flüssigwaschmittel gewaschen wird. Wenn es ganz schlimm riecht: eine Maschine leer bei 90 Grad und mit pulverförmigem Vollwaschmittel ansetzen.

59 Lochfraß durch Kalk ⚡

Ja, Kalk kann Heizstäbe zerfressen und Waschmaschinen lahmlegen. Extra Entkalker-Tabletten sind aber trotzdem überflüssig. Denn jedes Waschmittel beinhaltet bereits Entkalker. Die Werbung erzählt zwar etwas anderes, aber nur wer in einer Region mit sehr kalkhaltigem Wasser lebt, sollte vorbeugen, und das am besten mit ein bis zwei Entkalkungen jährlich mit einem speziellen Maschinenreiniger.

60 Volle Trommel

Die Trommel sollte nicht so voll sein, dass die Wäsche gepresst ist. Sie sollte aber auch nicht zu leer sein. Das wäre unnötige Energie- und Geldverschwendung. Ruhig das Fassungsvermögen der Maschine voll ausnutzen und beim Beladen nicht zimperlich sein. Wie viele Kilogramm Wäsche in die Maschine passen, steht in der Bedienungsanleitung. In der Trommel sollte etwa noch eine Handbreit Platz bleiben. Man wundert sich, es geht meist mehr rein, als man denkt.

61 Energiesparen

Mit Energiesparprogrammen lässt sich ordentlich sparen, denn die Programme verbrauchen deutlich weniger Strom als ihre konventionellen Pendants. **WICHTIG ZU WISSEN:** Eco-Programme erreichen nicht die Temperatur der normalen Programme. Durch eine längere Laufzeit bei niedriger Temperatur ist das Waschergebnis aber das Gleiche. Wer allerdings aus hygienischen Gründen eine Temperatur von 60 Grad erreichen möchte, sollte statt des Eco- das konventionelle 60-Grad-Programm wählen.

GENERELL GILT: bei möglichst niedriger Temperatur waschen. Je nach Verschmutzung reichen 30 oder 40 Grad völlig aus.

Das Kurzprogramm ist im Übrigen kein Energiesparprogramm, sondern das Gegenteil. Weil das Wasser für die Wäsche innerhalb von kürzester Zeit

Tipp 60: Beim Beladen der Waschmaschine sollte in der Trommel etwa noch eine Handbreit Platz bleiben.

erhitzt werden muss, ist es vergleichsweise teuer. Nur einsetzen, wenn es wirklich schnell gehen muss!

Gleiches gilt für das Pflegeleicht- oder Schonprogramm. Das schont zwar empfindliche Wäsche, aber nicht das Portemonnaie. Es verbraucht mehr Wasser und deutlich mehr Strom als ein normaler Waschgang. Daher sollten wirklich nur feine Sachen damit gewaschen werden.

FLECKEN

62 Das Flecken-ABC

Flecken sind ein Riesenthema im Haushalt. Ganze Bücher beschäftigen sich damit – und Generationen von Hausfrauen. Wie bereits im Kapitel „Küche" erwähnt:

Chemie ist nicht meine Stärke, aber für die Fleckenentfernung sind einige Grundkenntnisse ganz hilfreich. Deswegen noch einmal die Basics:

ES GIBT LAUGEN UND SÄUREN.

Laugen lösen Fette, Eiweiße, Farben und Kleber. Säuren entfernen Kalk, Urinstein und Rost. Zu den Laugen zählen Tenside, die als waschaktive Substanzen in allen Waschmitteln enthalten sind. In allen pulverförmigen Vollwaschmitteln ist Bleiche. Sie entfernt Farbstoffe aus dem Gewebe. Im Colorwaschmittel sorgen Enzyme für die Sauberkeit. Enzyme sind Eiweiße, die andere Eiweiße in ihre Einzelteile zerlegen und so löslich machen. Auch Alkohol kann verschiedene Flecken gut auflösen.

MUST-HAVES FLECKENMITTEL

☐ Geschirrspülmittel
   (sanfte Lauge)
☐ Reisewaschmittel (Lauge)
☐ Gallseife
   (Universalfleckenentferner)
☐ Zitronensäure
   (besonders starke Säure)
☐ Spiritus (Alkohol)
☐ Waschsoda
   (besonders starke Lauge)
☐ Essig (Säure)
☐ Sprudelndes Mineralwasser

63 Flecken sofort behandeln

Auch wenn es oft dramatisch aussieht, viele Flecken verschwinden schon bei einer normalen 40-Grad-Wäsche. Deswegen, keine Panik im Vorfeld! Wichtig ist allerdings, schnell zu sein. Flecken sollten sofort behandelt werden, so lösen sie sich am besten. Vor der Reinigung groben Schmutz vom Stoff abkratzen. Damit der Fleck so klein wie möglich bleibt, immer kreisförmig von außen nach innen reinigen. Flecken abtupfen, nicht reiben! NIE reiben!

64 Fleck-weg-Profi Spülmittel

Oft reicht ein einfaches Spülmittel (Lauge), um frische Flecken aus der Kleidung zu entfernen. Lappen anfeuchten und den Fleck mit Spüli vorsichtig abtupfen. Alternativ geht auch Reisewaschmittel. Statt normalem Wasser auch mal sprudelndes Mineralwasser versuchen, die Kohlensäure löst den Schmutz zusätzlich aus dem Gewebe. Anschließend trocken tupfen. TUPFEN!

HILFT BEI: Bratfett, Speiseöl, dunklen Kragenrändern, Lippenstift, Kaffee, Tee, Rotwein, Obst, Ruß, Erde.

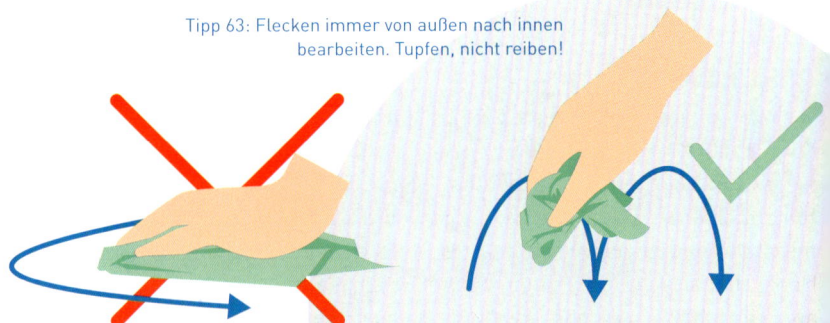

Tipp 63: Flecken immer von außen nach innen bearbeiten. Tupfen, nicht reiben!

65 Flecken kalt auswaschen

Achtung bei eiweißhaltigen Flecken wie Blut und Eiweiß! Diese sollten immer mit kaltem Wasser und Spüli vorbehandelt werden. Denn Eiweiß gerinnt bei Temperaturen über 40 Grad und setzt sich im Stoff fest. Der Fleck lässt sich dann nur noch schwer entfernen. Ältere Flecken mit sprudelndem Wasser behandeln, dabei etwas stärker rubbeln (ja, das ist hier erlaubt!) und etwas Salz als Verstärkung. Oder eine cremige Paste aus Salz und Zitronensaft anrühren, Fleck bestreichen und ein bis zwei Stunden einwirken lassen. Dann wie gewohnt waschen.

Auch Schoko- und Kakaoflecken müssen kalt ausgewaschen werden. Die restlichen Schoko-Spuren verschwinden, wenn das Kleidungsstück eine Viertelstunde lang in einer Schüssel mit Essig-Salz-Lösung (1:1) und kaltem Wasser eingeweicht wird. Danach wie gewohnt waschen.

66 Einweichen

Langes Einweichen ist die Wunderwaffe gegen fast alle hartnäckigen Flecken. Den frischen Fleck auf der bekleckerten Kleidung mit Spüli oder Waschmittel vorbehandeln und das Kleidungsstück anschließend in einen Eimer mit lauwarmem Wasser und (wenn der Stoff es zulässt) Vollwaschmittel legen. Mindestens über Nacht, am besten 24 Stunden, einweichen lassen. Danach normal waschen. Das hält fast kein Fleck aus.

Auch Mineralwasser eignet sich prima zum Einweichen. Die Kohlensäure löst den Dreck von den Fasern. Grobe Reste vom Fleck kratzen, frischen Fleck in Sprudelwasser legen. Schnell sollte der Fleck heller werden. Anschließend betroffene Stelle mit einem Vollwaschmittel (je nach Materialart) vorbehandeln, einwirken lassen und dann waschen wie gewohnt.

Schweiß-, Ketchup- und Rotweinflecken verblassen schnell, wenn man sie in Essig oder Essigessenz einweicht. Baumwolle kann über Nacht in verdünntem (1:5) Essigwasser liegen. Anschließend wie gewohnt waschen.

67 Fleck-weg-Profi Gallseife

Gallseife ist ein Universal-Fleckenentferner aus Kernseife und Rindergalle. Die in der Galle enthaltenen Enzyme verstärken die emulgierende Wirkung der Seife. So werden wasserunlösliche Stoffe wie etwa Fett, Eiweiß oder Farbstoffe wasserlöslich gemacht und können mit der normalen Wäsche aus dem Gewebe gewaschen werden.

ANWENDUNG: Fleck anfeuchten und mit ebenfalls angefeuchteter Seife einreiben und in den Fleck arbeiten. Einige Minuten einwirken lassen. Danach das Kleidungsstück mit Wasser ausspülen oder ab in die Waschmaschine. Funktioniert bei Speiseöl, Lippenstift, Milch, Blut, Ketchup, Rotwein, Kakao, Kaffee, Obst, Gemüse, Filzer und Wasserfarben.

68 Fleck-weg-Profi Zitronensäure

Deo- und frische Kugelschreiber-Flecken lassen sich gut mit Zitronensäure oder (weniger konzentriert) mit frischem Zitronensaft lösen. Flecken vorbehandeln, kurz einwirken lassen, anschließend das Kleidungsstück wie gewohnt waschen. Danach sollte der Fleck verschwunden sein.

69 Fleck-weg-Profi Waschsoda

Waschsoda ist ein klassisches Einweichmittel und wirkt in Wasser gelöst als starke Lauge. Soda löst fast alle Verschmutzungen aus dem Gewebe. Es lässt Schmutzpartikel quellen und verändert sie chemisch, sodass der Dreck leichter ausgewaschen werden kann. Es hat außer-

dem eine bleichende Wirkung. Nicht geeignet ist Soda für Wolle und Seide. Bei der Anwendung Gummihandschuhe tragen!

70 Fleck-weg-Profi Spiritus

Spiritus ist ein Alkohol. Er löst Fette auf und damit auch vielerlei Flecken – auch auf empfindlichen Textilien. Spiritus eignet sich etwa zur Vorbehandlung von Ei, Klebstoff, Filzer, Wasserfarben und Schweiß.

FLECKENMITTEL

Natürlich gibt es für jede Art von Fleck Spezialprodukte. (Bei denen ärgert mich ja am meisten, dass sie entweder überteuert in kleinen Flaschen oder überteuert in Riesengebinden angeboten werden!) Lassen sich Flecken nicht auf die oben beschriebene herkömmliche Art (vorbehandeln, einweichen, eventuell nochmals vorbehandeln, waschen) entfernen, kann deren Einsatz eventuell sinnvoll sein. Von Universal-Fleckenmitteln allerdings rate ich ab. Die Stiftung Warentest hat sie im Jahr 2009 getestet. Das Ergebnis: Eine normale 40-Grad-Wäsche mit Vollwaschmittel beseitigt Flecken besser als jedes Universal-Fleckenmittel.

71 Wachsflecken

Total simpel und total effektiv. Wachs auf Textilien lässt sich einfach entfernen, wenn die Kleidungsstücke in das Gefrierfach passen. Kleidung einfrieren, nach dem Auftauen den Wachsfleck abnehmen. Farbiges Wachs hinterlässt Farbflecke, hier hilft Spiritus. Danach wie gewohnt waschen.

72 Verschwundene Socken ☀

Einzelne Socken schnell wiederfinden mit einem „Einsame Socken"-Brett!

Tipp 72: Einzelne Socken auf der Suche nach ihrem Partner. Abhilfe schafft ein „Einsame Socken"-Brett.

LONELY SOCKS
seeking sole mates

SCHLAFZIMMER

Das **SCHLAFZIMMER** wird oft etwas vernachlässigt. Dabei verbringen wir die meiste Zeit unseres Lebens (etwa ein Drittel) im Bett – und viele auch seeeeehr viele Stunden vor dem Kleiderschrank. Und genau der ist eine der härtesten Kampfzonen im gesamten Haushalt. Denn wir alle (ausnahmslos alle) haben zu viele Klamotten. Wer weiß auf Anhieb, wie viele Jeans im Schrank schlummern? Kaum aussortiert, sammelt sich wieder wie von Geisterhand allerlei Neues an und im Schrank wird es voller und voller. Und zum Anziehen hat man trotzdem nichts ... Ihr kennt das Problem sicher auch, oder? Finger hoch, wem auch schon mal die Kleiderstange zusammen-gebrochen ist!

Machen wir uns nichts vor: Die meisten haben zu viele Anziehsa-chen für zu wenig Platz! Total nervig, aber lösbar! Alle, denen ihr vollgestopfter Schrank genau so gefällt, wie er ist, sind glücklich zu schätzen, und ich empfehle, gleich auf Seite 80 zu blättern. Für alle, die Ordnung in ihren Kleiderschrank bringen wollen, lohnt es sich, hier weiterzulesen:

Am besten schmale Bügel – das schafft noch mehr Platz.

Um zu verhindern, dass der Kleider-schrank überquillt: für jedes neu erworbene Teil ein anderes aussortieren!

Kleidung nach Farbe und/oder nach Anlässen (Büro, festlich, Freizeit) ordnen.

Kleiderkombinationen zusammen aufhängen schafft Platz und spart morgens beim Anziehen Zeit. Mit dem Verschluss einer Getränkedose kann der Bügel von der Hose mit dem der passenden Bluse verbunden werden. So lassen sich ganze Bügelketten bilden ...

Rutschige Kleidung (Seiden- oder Chiffonblusen) bleiben auf dem Bügel, wenn man Gummis um die Enden wickelt. Das gibt Halt.

Selten getragene Garderobe wie etwa Abendkleider gehören zum Schutz in eine Plastikhülle. (Zur Not reicht auch die von der Reinigung.)

Spezialbügel für Gürtel und Taschen verschaffen Platz und Übersicht.

73 Übersicht im Schrank
Gleiche Bügel im Kleider-schrank schaffen Ordnung und Platz.

74 DIY-Tuchhalter
In Schubladen geraten Tücher und Schals schnell in

Vergessenheit. Mit einem umfunktionierten Kleiderbügel kommen alle Tücher voll zur Geltung. So hat man einen schnellen Überblick, was überhaupt da ist und was am besten zum Outfit passt. Gardinenringe, Ringe für den Duschvorhang oder Häkelringe über die untere Strebe eines Kleiderbügels hängen, Tücher durch die Ringe ziehen.

Fertig! Wer es professioneller mag, kann den Bügel mit bunter Wolle umwickeln.

75 Ausmisten ⚡

Ausmisten ist schwer, weil wir uns ungern trennen. Aber es ist notwendig. (Damit auch wieder Platz für Neues ist ...) Die goldene Regel beim Ausmisten: Klein anfangen!

ÜBERSICHT IM SCHRANK

Tipp 73: Mit dem Verschluss einer Getränkedose passende Kleidungsstücke verbinden.

Nehmt euch nicht den ganzen Schrank oder das gesamte Schlafzimmer vor, sondern erst mal eine Schublade. Dann die nächste, dann die nächste usw.

Holt euch wenn nötig Unterstützung. Eine Freundin ist vielleicht eine gute Entscheidungshilfe, was wegkann und was nicht.

Verzettelt euch nicht, indem ihr Dinge von einem Raum in den anderen tragt. Bleibt dort, wo ihr angefangen habt.

Macht ein Foto von wirklich unnützen Dingen, die nur aus sentimentalen Gründen aufgehoben werden.

Behaltet das Foto anstelle des eigentlichen Gegenstands. Das braucht wesentlich weniger Platz!

76 Kleider aussortieren

– im Prinzip universell anwendbar! Zunächst die Schublade, den Schrank oder das Regal komplett ausräumen. (Bei der Gelegenheit gleich einmal durchwischen.) Schon hat man den besten Überblick über den Status quo. Alle Gegenstände in vier Kategorien einteilen:

BEHALTEN
Kleidung ohne Mängel, die regelmäßig angezogen wird oder einen hohen emotionalen Wert hat.

Tipp 74: DIY-Tuchhalter aus Wäscheklammern und einem Kleiderbügel.

WEGGEBEN
Gut erhaltene Klamotten, die zu groß, zu klein oder nicht mehr brandaktuell sind, aber zu schade zum Wegschmeißen. Zum Verschenken oder Verkaufen beiseitelegen.

MÜLL
Kaputte, ausgeleierte oder durchgescheuerte Kleidung, die nicht zu reparieren lohnt. (T-Shirts oder Bettbezüge sind prima Putzlappen. Gleich in Lappen schneiden und in den Putzschrank legen.)

UNENTSCHLOSSEN
Klamotten, bei denen ihr euch nicht sicher seid, ob ihr sie behalten wollt, erst mal in eine separate Kiste sammeln. Die Entscheidungsfindung kann manchmal etwas dauern.

Lässt sich keine eindeutige Entscheidung fällen, Kleider in eine Kiste verpacken. Alles, was innerhalb eines Jahres nicht aus der Kiste geholt wird, kann guten Gewissens weg!

77 6-Monats-Regel
Damit der Schrank gar nicht erst zu voll wird, sollte jede Saison aussortiert werden. Alles, was in den vergangenen sechs Monaten nicht getragen wurde, wird vermutlich auch in der nächsten Saison nicht angezogen. Also, weg damit! Um einen Überblick zu erhalten, welche Kleidungsstücke tatsächlich in Gebrauch sind: einfach die Bügel der Klamotten, die angezogen werden, andersherum in den Schrank zurückhängen. So lässt sich am Ende der Saison leicht erkennen was noch unberührt ist.

78 Platzsparend falten
T-Shirts lassen sich prima hochkant in Schubladen stapeln. Das schafft nicht nur Platz, sondern auch Übersicht. Halterungen aus Pappe können für mehr Stabilität sorgen.

Gleiches gilt für gerollte Jeans. Übersichtlich und platzsparend.

Tipp 77: Die Bügel der Kleider, die getragen wurden, andersherum in den Schrank zurückhängen. So lässt sich schnell erkennen, was in Gebrauch ist und was nicht.

RICHTIG AUSMISTEN

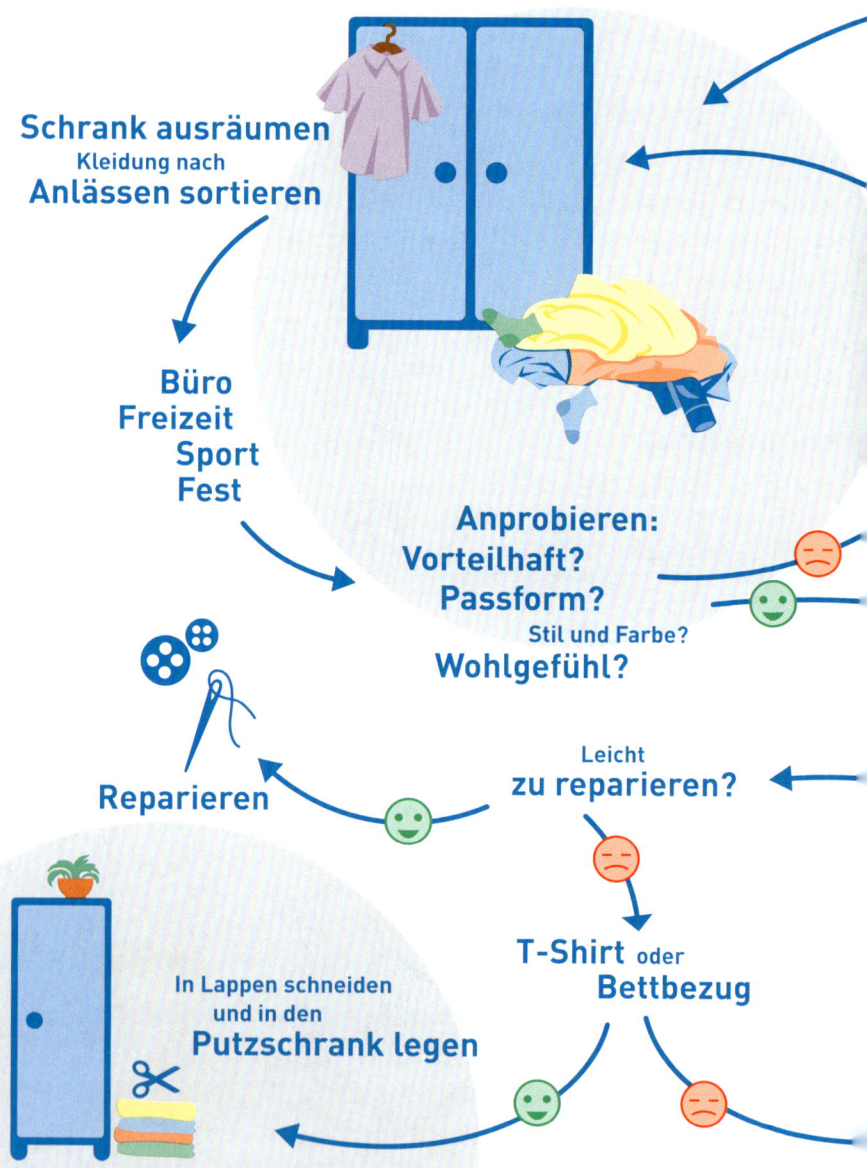

Schrank ausräumen
Kleidung nach
Anlässen sortieren

**Büro
Freizeit
Sport
Fest**

**Anprobieren:
Vorteilhaft?
Passform?**
Stil und Farbe?
Wohlgefühl?

Reparieren

Leicht
zu reparieren?

**In Lappen schneiden
und in den
Putzschrank legen**

T-Shirt oder
Bettbezug

Tadelloser **Zustand?**

Brauchst du das wirklich?

Entsorgen

Verschenken

Tadelloser **Zustand?**

Entsorgen

79 Bettwäsche legen
BEZUG, LAKEN UND KISSEN ZUSAMMEN VERSTAUEN.

Kopfkissenbezug zusammen mit dem Laken IN den Bettbezug einschlagen. Paket im Schrank verstauen. Nie mehr nach passenden Teilen suchen!

SPANNBETTLAKEN PLATZSPAREND FALTEN.

Wenn man weiß, wie es geht, gar nicht so schwer. Die Hände in die Ecken des Lakens stecken und gegenüberliegende Ecke greifen. Glatt schütteln und ablegen. Seiten umklappen, bis ein Viereck entsteht. Zweimal über die Mitte umlegen. Fertig!

80 Knitterfreie Hemden und Blusen

Hemden und Blusen sollten nach der Wäsche (oder dem Antrocknen) direkt aus der Trommel genommen werden. Danach glatt ziehen, auf einen Bügel hängen und trocknen lassen. Bügeln lassen sich Hemden und Blusen am besten, wenn sie noch leicht feucht sind. Mit den doppelten Teilen (Manschetten, Ärmel, Kragen, Knopfleiste) beginnen. Kommt das Hemd oder die Bluse aufgehängt in den Schrank, dann den ersten Knopf schließen. Leichte Knitterfalten lassen sich entfernen, wenn das Kleidungsstück bei der morgendlichen Dusche im Bad hängt. Durch den Wasserdampf lässt es sich leicht glatt streichen.

81 Knötchen auf Kleidung

Der sogenannte Pilling-Effekt kommt leider auch bei teuren Teilen vor. Die kleinen Knötchen sitzen oft da, wo der Stoff besonders strapaziert wird, wie an Ärmeln oder engen Stellen. Gerade bei Wolle kann aber auch das gesamte Kleidungsstück betroffen sein. Mit speziellen Rasierern oder Kämmen können die Knötchen abgeschnitten oder abgezupft werden. Aber bitte vorsichtig vorgehen, um den Stoff nicht vollends zu zerstören. Wenn nichts anderes zur Hand ist, geht auch ein Einmalrasierer.

82 Schuhe in Kartons

Damit auf einen Blick zu erkennen ist, welche Schuhe vorhanden sind: Schuhe fotografieren. In Kartons packen. Passendes Foto vorne draufkleben. Ab in den Schrank. Schafft Übersicht und bewahrt Schuhe vor dem Einstauben.

Tipp 82: Damit Schuhe nicht einstauben, besser im Karton mit Foto drauf aufbewahren.

SPANNBETTLAKEN FALTEN

Tipp 79: Spannbettlaken platzsparend falten – so geht es richtig:

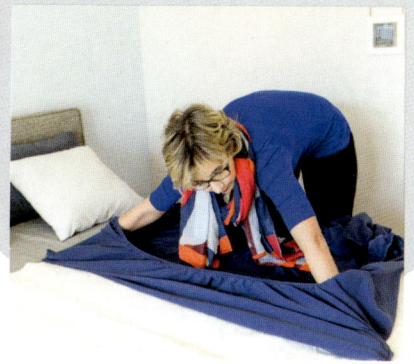

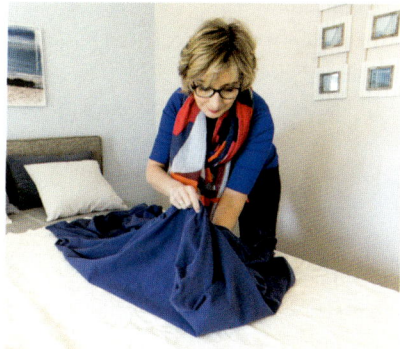
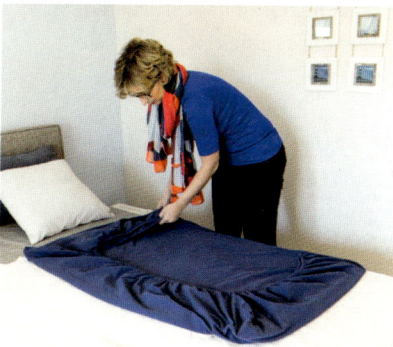

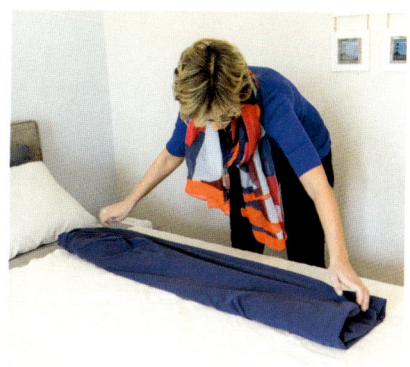

83 Nylonstrumpf-Zweitverwertung

Eine Laufmasche reicht, um aus einer schicken Nylonstrumpfhose Müll zu machen. Für die Tonne sind kaputte Nylons aber viel zu schade. Denn im Haushalt gibt es für sie noch einige Einsatzmöglichkeiten.

ALS STAUBTUCH: Wegen ihrer elektrostatischen Aufladung ziehen sie Staub magisch an (siehe Tipp 26).

ALS BESEN: Einem Schrubber übergezogen, machen sie wegen der Staub-Anziehungskraft aus dem Wischgerät einen perfekten Besen für glatte Böden.

ALS AUFFANGSCHUTZ: Damit kleine Gegenstände beim Saugen nicht auf Nimmerwiedersehen verschwinden (siehe Tipp 30).

ALS GROSSES GUMMIBAND: Mit ausrangierten Strumpfhosen lassen sich Zeitungsstapel zusammenbinden, die im Altpapiercontainer entsorgt werden sollen.

84 Motten VORBEUGEN

· Motten lieben Lebensmittelreste und Schweiß. Deswegen keine getragene Kleidung zurück in den Schrank hängen.
· Kleidungsschränke oft lüften.
· Lavendel oder Zedernholz einsetzen.
· Wertvolle Kleidungsstücke mit Überzügen oder speziellen Kleidersäcken schützen.
· Bei selten getragener Kleidung oder wenn die Saison wechselt ist kühle Lagerung (etwa 5 Grad) empfehlenswert.

BEI BEFALL
· Gesamten Kleiderschrank ausräumen, aussaugen, mit leichter

Tipp 83: Kaputte Strumpfhosen als Gummiband für Zeitungsstapel.

Spülmittellösung auswaschen und anschließend gut trocknen lassen. Währenddessen lüften.

· Mottenspray verwenden.
· Die gesamte Kleidung bei mindestens 40, besser 60 Grad waschen. Können die Teile nicht bei dieser Temperatur gewaschen werden, in eine Plastiktüte verpacken und für drei bis vier Tage ab ins Gefrierfach. So werden alle Schädlinge abgetötet.

BETTEN

85 Bettwäsche wechseln
Bettwäsche sollte alle ein bis zwei Wochen gewechselt werden. (Es sei denn, ihr seid Nacktschläfer oder schwitzt stark, dann öfter.)

WICHTIG DABEI: die Decken gut durchlüften. Am besten an der Sonne, denn Milben mögen kein UV-Licht. Bettwäsche auf links ziehen, Knöpfe oder Reißverschlüsse schließen und je nach Material bei 40 oder besser 60 Grad waschen. Bei jedem Wäschewechsel: Matratze senkrecht hochstellen, absaugen und gut lüften. Die schnellste Methode, Betten zu beziehen: Arme in den trockenen auf links gezogenen Bezug stecken und von innen die Ecken festhalten. Nun die Ecken der durchgelüfteten Decke greifen und Bezug darüber fallen lassen. Zuknöpfen, fertig!

86 Matratzen reinigen
Gute Belüftung erhöht die Lebensdauer von Matratzen. (Trotzdem sollte etwa alle 10 Jahre eine neue her!) Auch deswegen sollte das Schlafzimmer morgens ausgiebig gelüftet werden. Betten nach dem Aufstehen zunächst aufschlagen, damit die Feuchtigkeit entweichen kann. Optimal ist ein (Schon-)Bezug, der bei 60 Grad waschbar ist. Mindestens viermal im Jahr (je nach

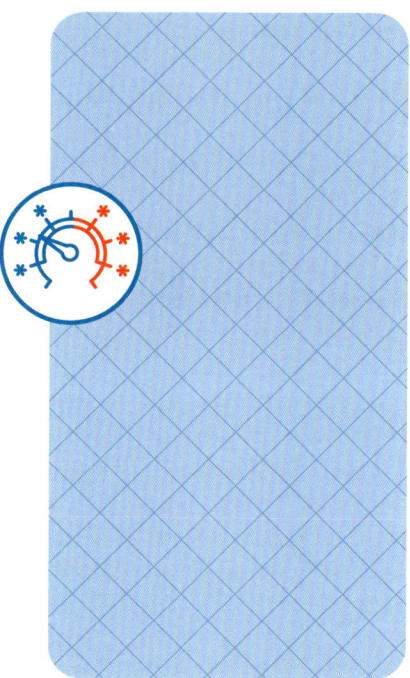

Tipp 86: Matratze bei Minusgraden für ein bis zwei Stunden an die frische Luft. Das tötet Milben.

Herstellerangabe) sollte die Matratze gewendet werden. Bei starken Minusgraden die Matratze für ein bis zwei Stunden nach draußen stellen. Das tötet Milben ab!

Bei Flecken – wie immer – schnell handeln! Feinwaschmittel hilft gegen die gängigen Verschmutzungen.

87 Die richtige Bettdecke 🖥

Gute Decken müssen nicht unbedingt teuer sein, das gilt besonders bei Synthetikdecken.

Bei teuren Produkten lohnt sich ein Blick auf das Etikett, um herauszufinden, ob der Preis durch Qualität gerechtfertigt ist oder nur der Markenname bezahlt wird. Auch bei Decken blenden Hersteller gerne mit Scheinsiegeln, deswegen unbekannte Label im Internet nachschauen.

Bei Daunendecken aus dem Kaufhaus oder dem Fachhandel ist Lebendrupf trotz aktuell vorhandener Siegel nicht ausgeschlossen. Alternative: Schlachthöfe, die Daunendecken als Nebenprodukte herstellen.

Bei Polyesterfasern ist die Schwitzgefahr sehr hoch. Heißblüter sollten deshalb besser zu Daunen oder zu Klimahohlfasern greifen.

FÜR ALLERGIKER WICHTIG: Decken sollten bei hohen Temperaturen waschbar sein.

88 Daunendecken waschen

Decken sollten einmal pro Jahr nass gereinigt werden, Kopfkissen häufiger. Daunendecken nur dann zu Hause waschen, wenn ausreichend großes Trocknervolumen vorhanden ist. Ansonsten besser in die Reinigung oder ins Bettenfachgeschäft.

Zu Hause unbedingt auf die Pflegeetiketten achten und wegen eventueller Risse Decken besser in einem Bezug mit Reißverschluss waschen. Neutrales Fein- oder Wollwaschmittel verwenden. Zunächst trocken kurzschleudern, damit die Luft aus der Decke entweicht. Wollprogramm wählen und zusätzlich ein bis zwei Spülgänge einstellen. Bei 1000–1200 Umdrehungen/Minute schleudern.

Tipp 88: Daunendecken nur dann zu Hause waschen, wenn der Trockner groß genug ist. Zum Trocknen Tennisbälle mit in die Trommel geben.

Auf lange Trocknungszeit achten und (wie bei allen anderen Daunenprodukten) mehrere (saubere) Tennisbälle in den Trockner geben. Dann verklumpen die Federn nicht.

DIVERSES

89 Druckstellen auf Teppichen

Druckstellen von Möbeln auf Teppichen können mit einem Dampfbügeleisen leicht beseitigt werden. Druckstelle bedampfen (Bügeleisen etwa einen Zentimeter über den Boden), Dampf kurz einwirken lassen. Fasern vorsichtig mit einer Gabel auflockern.

90 Flecken auf Teppichen

Ausgeschütteten Tee oder Kaffee auf Teppichen sofort mit sprudelndem Mineralwasser behandeln. Abtupfen und eventuell wiederholen. Mineralwasser löst frische Flecken gut und schnell auf. Bei Flecken auf empfindlichen Teppichen, die nicht geschrubbt werden können, kann auch folgende Technik helfen: Teppich umdrehen und die Stelle mit dem Fleck auf einen Eimer legen. Wasser auf die Unterseite gießen und im Eimer auffangen. Mehrmals wiederholen.

Tipp 89: Druckstellen auf Teppichen mit einem Bügeleisen bedampfen. Anschließend Fasern vorsichtig mit einer Gabel auflockern.

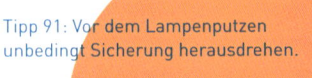

Tipp 91: Vor dem Lampenputzen
unbedingt Sicherung herausdrehen.

91 Lampen säubern

Zuerst Sicherung herausdrehen!!! Lampenschirme abbauen.

GLASSCHIRME mit etwa 5 Liter lauwarmem Salzwasser (1 EL Salz) und einem weichen Tuch reinigen. Bei Lampen aus dem Badezimmer etwas Essig ins Wasser wegen der Kalkflecken. Für Leuchten aus der Küche oder dem Essbereich etwas Spüli oder Neutralreiniger zufügen gegen Fett.

VERGOLDETE LAMPEN oder Exemplare aus Nickel mit einer Polierpaste aus Salz und Backpulver behandeln. Beides zu gleichen Teilen mischen und mit angefeuchteter Zahnbürste auftragen. Anschließend die Paste polierend abnehmen.

LAMPENSCHIRME AUS STOFF an der frischen Luft mit einem Tuch vorsichtig ausklopfen oder mit der Staubsaugerdüse absaugen. Keine Feuchtigkeit einsetzen!

92 Computer reinigen

TASTATUR: (Endlich mal ein Einsatzgebiet für Glasreiniger!) Tastatur abstöpseln und als Erstes mit dem Föhn alle größeren Krümel und Fussel wegpusten. Das funktioniert auch mit einem großen Pinsel (Rasierpinsel) oder mit Post-its, die durch die Ritzen gezogen werden. Die Krümel bleiben an der Klebeseite haften. Dreck aus den feinen Ritzen kann mit weichen Pinseln oder einer alten Zahnbürste entfernt werden. Glasreiniger auf fusselfreies Tuch sprühen und Tastatur säubern. Zwischenräume mit befeuchteten Wattestäbchen reinigen.

MONITORE: Für Monitore lohnt sich ein Spezialreiniger aus dem Fachhandel. Glasreiniger, Spüli oder Brillenputztücher können Schlieren bilden oder sogar den Bildschirm zerstören. Meist reicht die Trockenreinigung mit einem Mikrofaser-Tuch. Es kann auch nebelfeucht eingesetzt werden, also sehr leicht angefeuchtet. Bitte nicht zu fest aufdrücken, da Monitore sehr empfindlich sind.

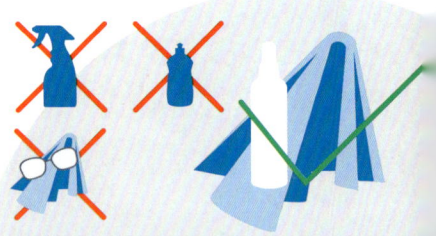

TASTATUR REINIGEN

Tipp 92: Endlich kommt Glasreiniger mal zum Einsatz!

BADEZIMMER

Wisst ihr, welches Wort in meinen Sendungen am häufigsten fiel, wenn vom **BADEZIMMER** die Rede war? WELLNESSOASE! Das eigene kleine Spa für zu Hause! Klar, denn das Bad ist nun mal einer der wenigen Orte, an denen man mal ganz alleine für sich sein kann. (Mütter mit Kleinkindern wissen besonders, wie wichtig das ist!) Wunsch und Wirklichkeit liegen aber meist weit auseinander. Die meisten Badezimmer, die ich gesehen habe, bestechen eher durch verkalkte Armaturen, Seifen- und Zahnpastareste im Waschbecken und schimmelige Fugen. Alles ganz normal – und alles recht flott in den Griff zu bekommen! Wichtigster Tipp schon mal vorab: Versteckt das Putzzeug nicht in einem Reinigungsschrank im hintersten Winkel des Hauses, sondern stellt euch ein kleines Körbchen mit WC-Reiniger, Scheuermilch, Zitronensäure und Mikrofaser-Lappen plus alter Zahnbürste in Griffweite. Neben die Toilette, unters Waschbecken, in den Schrank, aufs Regal! Achtung, wenn Kleinkinder im Haus sind. Dann IMMER hochstellen.

Meine Erfahrung ist, wenn alles, was man zum schick machen nach dem Morgen-Irrsinn braucht, in Reichweite steht, ist der Rest ein Klacks. Und wir sind ganz nah dran an der Wellnessoase!

REINIGUNG

93 Zeitmanagement

Mit einer kleinen Putzkiste im Bad kann zwar schneller losgewischt werden, aber bitte nicht vergessen: Egal, welches Mittel, alle – und zwar ALLE – brauchen eine Einwirkzeit, um optimal zu säubern. Also bitte etwas Zeit einplanen, damit die Reiniger arbeiten können!

Tipp 93: Beim Putzen auch die Einwirkzeit der Reiniger einberechnen.

94 Kleine Lappenkunde

Für gute Reinigungsergebnisse braucht man gute Materialien. Am besten funktionieren (bei mir) Mikrofaser-Tücher. Aber bitte aufpassen bei empfindlichen Oberflächen, sie könnten stumpf werden!

WICHTIGSTES LAPPENMERKMAL: exklusive Nutzung! Ein Lappen reicht im Haushalt natürlich nicht aus. Jeder Bereich sollte seinen eigenen Lappen erhalten (Küche, Badezim-

Tipp 94: Kleine Lappenkunde

· **GELB** für Badezimmer-Oberflächen

· **ROT** für das WC

· **GRÜN** für die Küche

· **BLAU** für das Wohnzimmer

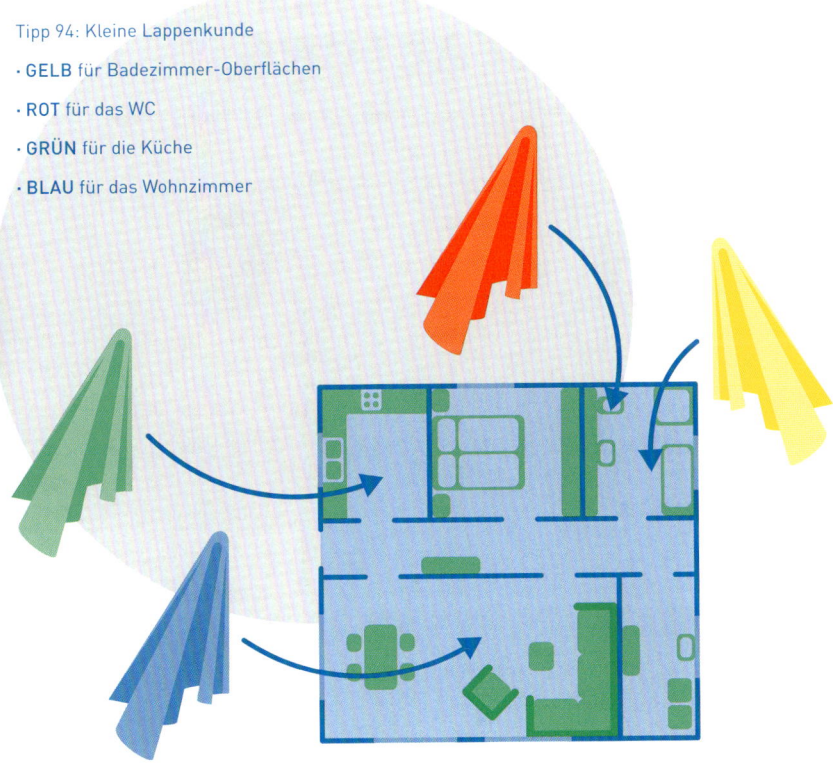

mer, WC, Wohn-/Kinder-/Schlafzimmer). Für die Wohnräume sollte ein eigener Lappen benutzt werden, damit keine Keime aus Küche oder Bad in den Wohnbereich gelangen.

WICHTIGSTE ANWENDUNGS-REGEL: Achtfachfaltung. Bitte nicht den Lappen in der Hand zusammenknüllen und auf der schmutzigen Oberfläche rumwedeln. Ein Lappen sollte auf etwa Handrücken-Größe

gefaltet werden. Mit dem kleinen Viereck den Schmutz von außen nach innen aufnehmen. Den Lappen umdrehen und mit der sauberen zweiten Seite weiterarbeiten. Im nächsten Schritt den Lappen aufklappen und wieder mit einer sauberen Seite weiterwischen. Insgesamt können so acht (oder mehr) saubere Seiten verwendet werden. Spart Zeit und ständiges Ausspülen!

ACHTFACHFALTUNG

Tipp 94: Ein Lappen sollte auf etwa Handrücken-Größe gefaltet werden. Daraus ergeben sich acht saubere Seiten.

95 DIY-Badreiniger

Um Glanz ins Bad zu bekommen, bieten Drogerien eine große Palette an Spezialmitteln für Wanne, Glas und WC. Es geht aber auch mit meinem DIY-Reiniger aus dem Kapitel „Küche" (siehe Seite 13) oder mit folgender DIY-Lauge: ein Liter Wasser, drei Spritzer Spüli (Lauge) und eine Verschlusskappe Zitronensäure (Säure). Der selbst gemischte Badreiniger wischt Kalk, Urinstein, Fett und Schmutz einfach weg.

96 Vorsicht Chemie!

Seid ehrlich! Wer hat jemals die Sicherheits- und Anwendungshinweise auf den Reinigungsmitteln gelesen? Das werden vermutlich die wenigsten sein. Eine falsche Anwendung kann aber zu unerwünschten Reinigungsergebnissen führen, schlimmstenfalls sogar gesundheitsgefährdend sein.

Deswegen bitte die vom Hersteller angegebenen **HINWEISE BEACHTEN** – zumindest einmal durchlesen! Bei aggressiven Reinigern Handschuhe tragen. Viele Produkte dürfen nicht mit anderen Chemikalien kombiniert werden, da gesundheitsgefährdende Dämpfe wie Chlorgas entstehen können. Bitte immer an die Dosierungsvorgabe des Herstellers halten und die angegebene Einwirkzeit beachten. Biozid-Produkte, also Hygienereiniger – wenn überhaupt – nur sparsam einsetzen. Sie stehen im Verdacht, gesundheits- und umweltschädlich zu sein.

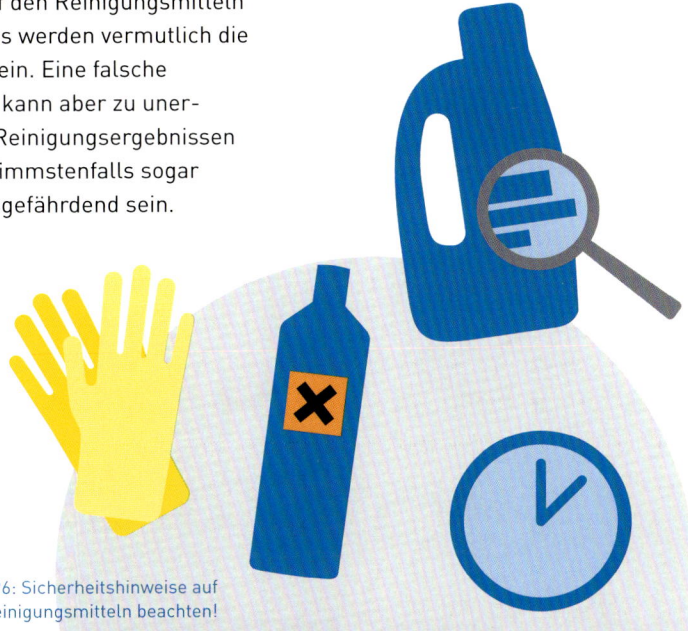

Tipp 96: Sicherheitshinweise auf Reinigungsmitteln beachten!

SAUBERKEIT IM BAD

MUST-HAVES REINIGUNGSMITTEL

☐ Allzweckreiniger gegen Dreck und Fett (Fliesen, Wanne, Waschbecken, Boden)
☐ Säure gegen Kalk (Armaturen und Toilette)
☐ Scheuermittel gegen hartnäckige Flecken
☐ Mikrofaser-Tuch (Spiegel)

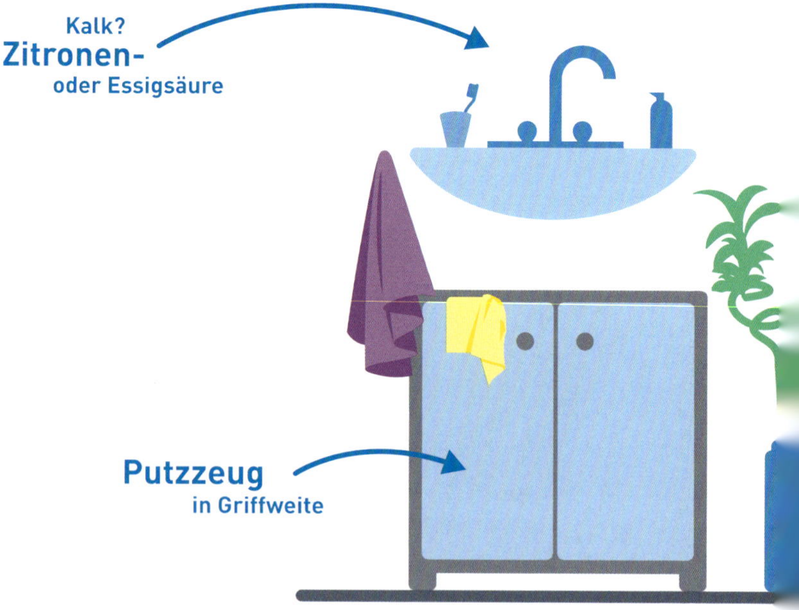

Kalk?
Zitronen-
oder Essigsäure

Putzzeug
in Griffweite

Glanz durch
Wasser mit
Spüli und Zitronensäure

Ordnung?
Kosmetikartikel in
Körbchen

HYGIENEREINIGER

Im Haushaltscheck haben wir die Wirkung von Hygienereinigern im Vergleich zu herkömmlichen Neutralreinigern und reinem Wasser getestet. Die Keime: eine Mischung aus Staphylokokken und E.-Coli-Bakterien. Das Ergebnis: Alle drei Reiniger haben die Keime fast vollständig entfernt, auch das klare Wasser. Also keine Hygiene-Panik im Haushalt. Zum einen sind Haushaltskeime in der Regel ohnehin unbedenklich und zweitens wird es auch mit normalem Reiniger hygienisch sauber.

97 Geheimwaffe Soda

Soda ist die ultimative Geheimwaffe gegen Bakterien, Schimmel und Gerüche. Müffelnde Abflüsse, angebrannte Pfannen oder ergraute Gardinen – Soda kann fast alles im Haushalt richten. Im Bad schafft es hygienische Sauberkeit. Ein absolutes Putz-Must-have!

98 Kampf dem Kalk

Im Bad nervt Kalk besonders. Denn er ist überall. Auf Armaturen, in Duschköpfen, an Fliesen. Stark gegen Kalk wirken Säuren wie Essig oder Zitronensäure. Beide haben außerdem eine antibakterielle und desinfizierende Wirkung. Essig ist etwas aggressiver als Zitronensäure. Deswegen gerade bei modernen Armaturen Essig nur verdünnt und vorsichtig einsetzen.

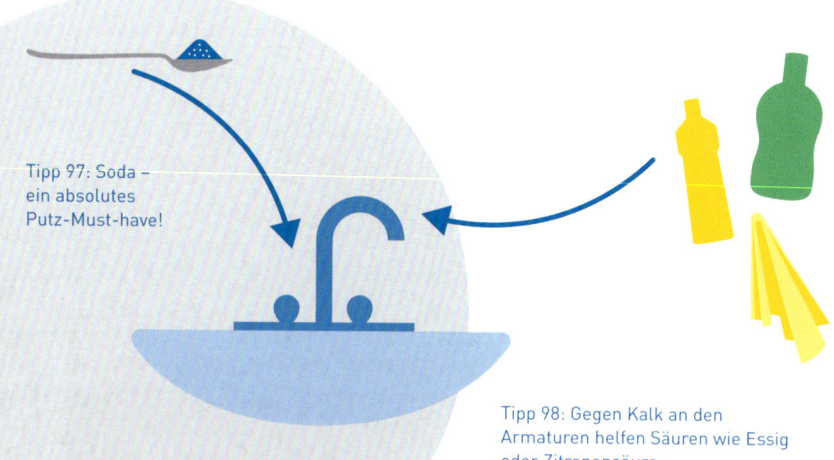

Tipp 97: Soda – ein absolutes Putz-Must-have!

Tipp 98: Gegen Kalk an den Armaturen helfen Säuren wie Essig oder Zitronensäure.

Tipp 98: Gegen starke Verschmutzungen helfen in Säure getränkte Küchentücher.

FÜR FLIESEN: Zitronensäure oder Essigessenz mit Wasser verdünnen (1:3). Auf Fliesen auftragen, kurz einwirken lassen und mit klarem Wasser nachwischen. Schon strahlt es wieder. Bitte nicht auf Marmor anwenden!

FÜR STARKE VERSCHMUTZUNGEN AN DUSCHWÄNDEN: Küchentücher mit unverdünnter Säure tränken und an die feuchte Wand „kleben".

FÜR DUSCHKÖPFE UND PERLATOREN (die Siebe im Wasserhahn): Verkalkte Duschköpfe und Siebe abziehen oder abdrehen und in die verdünnte Zitronen- oder Essigsäure legen. Nach spätestens 45 Minuten sind sie so gut wie neu.

99 Kondomtrick

Wer seine Perlatoren nicht vom Wasserhahn abkriegt, füllt die verdünnte Zitronensäure in ein Kondom (Normalgröße reicht!) und zieht es dem Hahn über. Mit einem Gummi befestigen. Einwirken lassen. Profis ziehen das Kondom nach spätestens 45 Minuten vorsichtig ab und behandeln damit noch die restlichen Wasserhähne im Haushalt.

Tipp 99: Perlatoren entkalken – mit einem Kondom und verdünnter Zitronensäure.

100 Glänzende Armaturen

Kalkflecken um die Armaturen herum lösen sich problemlos mit säuregetränkten Küchentüchern. Feuchte Tücher rund um die Armatur legen, einwirken lassen. Je länger, desto besser. Die Tücher sollten aber nicht trocknen, dann besser nachfeuchten. Anschließend die Tücher abnehmen und Reste am besten mit einer alten Zahnbürste und klarem Wasser entfernen. Probiert das mal mit einer elektrischen Zahnbürste. Ihr nehmt nie wieder etwas anderes!

BITTE DARAN DENKEN: Eine Armatur hat auch eine Rückseite – auch diese sollte gereinigt werden!

101 Abflussmief

Üble Düfte aus dem Abfluss haben ihre Ursache oft im Geruchsverschluss. Das ist die s- oder u-förmige Röhre unter Waschbecken, Spüle und Co. Sie dient dazu, mit Hilfe einer Wasserbarriere den Geruch aus der Kanalisation abzuhalten. In der Wölbung lagern sich leicht Verschmutzungen ab, die müffeln.

DIE EINFACHSTE METHODE:
Geruchsverschluss mit kochendem Wasser spülen. Hilft das nicht: Rohr mit Essig durchspülen. Falls der Geruch noch immer vorhanden ist: Backpulver oder einen Löffel Soda mit Wasser vermischen und über

Nacht im Abfluss einwirken lassen. So sollte der Geruchsverschluss frei geblubbert werden.

Wenn nötig und möglich, Siphon und Geruchsverschluss abbauen und säubern. Wenn nichts hilft, Klempner anrufen.

102 Blitzeblankes Waschbecken

Auch wenn das Waschbecken regelmäßig geputzt wird, ab und zu tut eine Grundreinigung gut. Dazu Tipp 100 und 101 durchführen. Außerdem den Überlauf mit einer alten Zahnbürste säubern. Als Nächstes ist das Sieb im Abfluss dran. Schraube in der Mitte lösen und Sieb vorsichtig herausnehmen. Seifenreste und Haare mit Zahnbürste abputzen. Sieb wieder einschrauben. Zu guter Letzt das gesamte Waschbecken mit einem Tropfen Haarshampoo reinigen. Schon ist alles wieder blitzeblank!

103 Fugen richtig reinigen

Fugen und Säuren vertragen sich nicht. Säure schädigt das Fugenmaterial. Deswegen sollten Fugen mit Laugen gereinigt werden. Am besten klappt das mit Sodareiniger aus der Sprühflasche. Fugen mit Wasser anfeuchten und großzügig mit Reiniger einsprühen. Etwa 15 Minuten einwirken lassen. Mit einem Schwamm abnehmen und mit viel Wasser nacharbeiten.

Gegen Schmutz in den Fugen hilft eine Paste aus Backpulver und Wasser. Die Paste mit einer Zahnbürste auf die angefeuchteten Fugen verteilen, einwirken lassen, mit feuchtem Lappen abwischen. Weiße Fugen lassen sich prima mit einem Putzstein auffrischen. Reste mit viel Wasser abwaschen.

Tipp 103: Fugen am besten mit Sodareiniger aus der Sprühflasche säubern.

Bei dunklen Schimmelpunkten
hilft 80 %iger Spiritus. Auf
keinen Fall stark bürsten –
die Schimmelsporen verteilen
sich sonst.

Schimmelnde Silikonfugen sollten
entfernt und ausgebessert werden.

104 Schimmel

Leider fühlt sich
Schimmel bei Wärme und
Feuchtigkeit besonders wohl
und sprießt deswegen gerne
im Bad. Kleinere befallene
Stellen können zwar mit
Backpulver oder Essig
bekämpft werden, am
besten aber ist Vorbeugen,
damit erst gar kein
Schimmel entsteht.

Mindestens dreimal täglich
die Wohnung stoßlüften: nach
dem Aufstehen, nach dem
Duschen und wenn man abends
wieder nach Hause kommt.

Tipp 105: Mindestens alle drei Monate
sollte der Duschvorhang in der
Maschine gewaschen werden.
Putzlappen, Wischmopps und
Badematten können gleich mit rein.

Die Tür zum Badezimmer schließen, damit die Feuchtigkeit nicht in die gesamte Wohnung zieht.

Nach dem Duschen oder Baden sofort lüften, sodass die feuchte Luft schnell abzieht. Mit Wasser bespritzte Wände und Böden gleich abwischen. Feuchte Handtücher zum Trocknen am besten ins Freie hängen.

105 Duschvorhang säubern

Die meisten Duschvorhänge können problemlos in der Maschine gewaschen werden. Mindestens alle drei Monate sollten so Seifenreste und eventuelle Schimmelsporen entfernt werden. In der Regel reichen 40 Grad aus. In der derselben Maschine können Putzlappen, Wischmopps oder Badematten gleich mit gewaschen werden. Ein Schuss Chlorbleiche hilft gegen Keime. Bei starken Verschmutzungen sollte der Vorhang vor der Wäsche in Natron oder Waschsoda eingeweicht werden (Dosierung nach Anweisung auf der Packung). Damit der Vorhang lange schön bleibt: nach dem Duschen immer straff und gerade ziehen. Bleibänder im unteren Bereich können helfen. Funktioniert auch mit Tischdecken-Gewichten oder bei emaillierten Dusch- oder Badewannen mit Kühlschrankmagneten.

106 Duft im Bad

Duftspender selbst gemacht. Für frischen Duft im Bad einfach auf die Papprolle des Toilettenpapiers von innen einige Tropfen ätherisches Öl geben. Rolle aufhängen, der Duft bleibt tagelang!

Wenn es mal nicht so frisch riecht (nach dem Toilettengang), hilft ein im Bad angezündetes Streichholz. Der Brandgeruch überdeckt die dicke Luft aus dem Klo.

107 WC-Frische

Wir alle möchten unser Örtchen besonders frisch und hygienisch rein. Mit der WC-Bürste kommt man aber oft gar nicht dahin, wo man will. Alte Spülbürsten dagegen eignen sich super, auch mal unterm Rand sauber zu machen. (Bitte danach die Bürsten NICHT verwechseln!)

108 Morgen-Fahrplan für Putzprofis

Damit mich abends, wenn ich nach Hause komme, nicht der Schlag trifft, hat sich bei uns folgende Morgenroutine eingespielt. Ich kann nur sagen, es lohnt sich!

Der Letzte, der duscht, sprüht vorher das Waschbecken ein und gibt Reiniger ins WC.

FAHRPLAN FÜR PUTZPROFIS

- Duschen
- Duschwand und Fliesen mit Abzieher trocknen
- Abtrocknen
- Bademantel an
- Mit gebrauchtem Handtuch Ducharmatur trocken reiben
- Waschbecken ausspülen
- WC-Bürste nutzen
- Waschbeckenarmatur trocken reiben
- Evtl. Wasserflecken mit Lappen (hängt unterm Waschbecken) entfernen
- FERTIG!

Wenn immer der oder die Gleiche als Letzte(r) duscht, sind die anderen an einem Tag der Woche mit Bodenwischen und Ablagensäubern dran!

KOSMETIKARTIKEL

109 Ordnung mit Körbchen

Ganz wichtig! Denn in den allermeisten Badezimmern stehen gefühlt eine Millionen Tiegel, Fläschchen, Tuben und Dosen auf jeder freien Ablagefläche. Es macht niemandem Spaß, jedes einzeln hochzuheben, um staubzuwischen. Also, schöne Körbchen einsetzen, und mit wenigen Handgriffen ist alles sauber! Und ordentlich sieht es auch noch aus.

110 Haarbürsten reinigen

Haare und Fusseln aus Bürsten entfernen geht am besten mit einem stabilen Kamm.

BÜRSTEN AUS KUNSTSTOFF

können anschließend in warmem Wasser mit einem Schuss Shampoo eingeweicht werden. Danach abspülen. Trocknen lassen mit Borsten nach oben. Alternativ mit Rasierschaum einschäumen und über Nacht einwirken lassen. Am nächsten Morgen abspülen.

Tipp 109: Kosmetikartikel im Körbchen – so geht es mit dem Putzen ganz schnell.

Rasierschaum funktioniert auch bei Bürsten mit Holzstiel, da die ja nicht im Wasser liegen dürfen.

RUNDBÜRSTEN können im Wasser gereinigt werden. Allerdings lassen sich die Haare hier nur schwer entfernen. Am besten die Haare mit einem feinen Kamm hochheben und dann mit der Nagelschere durchtrennen. Haare abziehen. Fertig!

Tipp 110: Haarbürsten reinigt man am besten mit einem stabilen Kamm.

111 Restentleerung

Unerreichbare Reste in Tuben und Tiegeln sind gerade bei Kosmetikartikeln ärgerlich. Denn oft landet ein nicht unerheblicher Teil des teuer bezahlten Inhalts in der Tonne. Das ist Geld- und Ressourcen-Verschwendung. Besser ist es, bis auf den letzten Rest alles aus den Packungen herauszuholen. Und das geht so:

Ein Pinsel hilft, den Lieblings-**LIPPENSTIFT** bis zum Ende aufzubrauchen.

Mit der Pumpe der **BODYLOTION**-Flasche lässt sich noch eine Menge Creme von den inneren Seitenwänden kratzen.

Aufschneiden lohnt sich bei **HAND-CREME**-Tuben. Je nach Menge die Reste in eine saubere Verpackung füllen.

Eingetrockneter **NAGELLACK** lässt sich mit etwas Nagellackentferner wiederbeleben.

SHAMPOO- und **DUSCHGEL**-Reste können mit Wasser verdünnt restlos aufgebraucht werden.

Tipp 111: Mit einem Pinsel lässt sich fast der gesamte Inhalt des Lieblings-Lippenstifts verbrauchen.

RESTENTLEERUNG

Tipp 111: Aufschneiden lohnt sich bei Handcreme-Tuben.

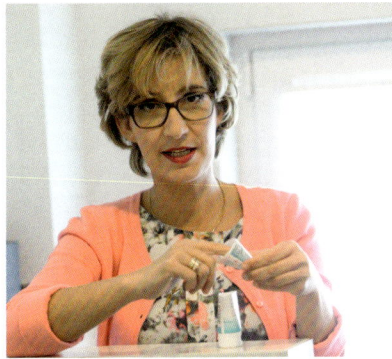

FAZIT

Es war gar nicht so leicht, die richtige Auswahl für **MEINE 111 BESTEN HAUSHALTSTIPPS** zu treffen! Gott sei Dank hat mich meine Kollegin Stefanie von Drathen unterstützt und erst mal Ordnung in mein Chaos gebracht. Ja, richtig gelesen: Chaos. Ich bin im Ablegen und Finden von Dateien nämlich eine echte Niete. Ich habe bis heute das System nicht wirklich durchschaut. Und wenn ich etwas im Rechner suche, dann flüstere ich die Ablegepfade fast wie ein Beschwörungsmantra leise vor mich hin. Trotzdem finde ich nur selten das, was ich finden will. (Und komme mir entsprechend blöd vor – na ja ...)

Außerdem hat Stefanie mit kritischem Blick auf wirklich alles geschaut, die Tipps mit ausprobiert und meine ellenlangen Schwurbelsätze so gut es ging gekürzt (aber nicht ALLE)! Ohne ihre redaktionelle Mitarbeit wäre es nicht gegangen. Das ist mal klar!

Wir waren beide erstaunt, wie viel Material wir aus den TV-Sendungen, den dazugehörigen Rechercheergebnissen und meinem privaten Fundus zusammentragen konnten. Das füllt glatt noch mehrere Bücher. Und darum erhebt dieses – unser erstes – Buch auch gar nicht den Anspruch auf Vollständigkeit. Es sind halt die besten Tipps!

Wer den ein oder anderen schon kannte – super! Denn daran denken tut man ja eher selten. Wer noch einen tollen Tipp hat – her damit! Wer Fragen hat – auch her damit! Auf meiner Facebook-Seite und auf www.yvonnewillicks.de könnt ihr uns schreiben.

Mit diesem Buch ist der Anfang gemacht – allzu viel kann jetzt eigentlich nicht mehr schiefgehen beim Abenteuer Haushalt! Und eins versprechen wir euch: Das war noch nicht das Ende!

Eure Yvonne und Stefanie

Auf meiner Facebook-Seite und auf www.yvonnewillicks.de könnt ihr uns schreiben.

MEHR VON YVONNE WILLICKS?

Im Herbst 2016 erscheint im Verlag Edition Essentials Yvonne Willicks zweites Buch **ACHTUNG MOGEL-PACKUNG**, in dem die Verbraucherjournalistin und TV-Moderatorin Produkte aus dem Supermarkt unter die Lupe nimmt. Yvonne Willicks entlarvt darin die Tricks und Fallen der Lebensmittelindustrie.

Auf unterhaltsame Weise gibt sie den Lesern fundiertes Wissen an die Hand, um die Qualität von Lebensmitteln schnell und richtig einzuschätzen. Das Buch **ACHTUNG MOGELPACKUNG** hilft, trotz der Produktfülle, den Verführungen der Industrie und dem Blendwerk durch Werbung und Verpackung im Supermarkt den Durchblick zu behalten – damit statt Mogelpackungen gute Lebensmittel im Einkaufswagen landen.

Lust auf Genuss?

Martina Meuth und Bernd Neuner-Duttenhofer
**Lieblingsgerichte und Küchenschätze –
Eine kulinarische Reise durch deutsche
Länderküchen**
Hardcover, gebunden, 17 x 24 cm,
208 Seiten, über 200 Abbildungen
€ 22,– [D] · ISBN 978-3-9816935-0-8

Martina Meuth und Bernd Neuner-Duttenhofer
**Heimatküche NRW –
Eine kulinarische Reise durch
Nordrhein-Westfalen**
Hardcover, gebunden, 17 x 24 cm,
208 Seiten, über 200 Abbildungen
€ 22,– [D] · ISBN 978-3-9816935-1-5

Zum Nachlesen und Nachkochen – Begleitbücher zur WDR-Sendung „Kochen mit Martina & Moritz"

Martina Meuth und Bernd Neuner-Duttenhofer
Fernweh-Küche –
Eine kulinarische Reise um die Welt
Hardcover, gebunden, 17 x 24 cm,
208 Seiten, über 200 Abbildungen
€ 22,- [D] · ISBN 978-3-9816935-2-2

Martina Meuth und Bernd Neuner-Duttenhofer
Weihnachten – Festmenüs · Backen ·
Geschenke · Ideen zu Silvester
Softcover, gebunden, 17 x 18 cm,
112 Seiten, über 150 Abbildungen
€ 14,90 [D] · ISBN 978-3-9816935-3-9

 Verlag
edition essentials

Rohrbacher Straße 41   Telefon   06221 599 06 98   info@edition-essentials.com
69115 Heidelberg   Telefax   06221 599 14 72   www.edition-essentials.com

ÜBER DIE AUTORINNEN

YVONNE WILLICKS (Jahrgang 1970) ist in Kamp-Lintfort am Niederrhein geboren und aufgewachsen. Mittlerweile pendelt sie zwischen ihrer Wahlheimat Hamburg und ihrem Arbeitsplatz in Köln. Yvonne Willicks ist verheiratet und hat drei inzwischen erwachsene Kinder zusammen mit ihrem Mann großgezogen. Seit 2005 präsentiert sie mit großer Freude und in ihrer unverstellten Art Verbraucherthemen im deutschen Fernsehen.

STEFANIE VON DRATHEN (Jahrgang 1972) arbeitet seit mehr als 15 Jahren als Fernsehjournalistin. Gemeinsam mit Yvonne Willicks hat sie verschiedene Sendungen produziert. Ihren Haushalt schmeißt Stefanie von Drathen mit Mann und zwei Kindern in Berlin.

Yvonne Willicks und Stefanie von Drathen